複雑な税務を図解でひも解く!!

税務図解の技法

ヒト・モノ・カネ・データの動きを可視化する

野川悟志 著

一般財団法人
大蔵財務協会

はじめに

複雑なことを分かりやすく図表で表す「図解」という手法は様々な場面で使われています。図解をテーマにした書籍は数多く出版されているところですが、本書は図解を税務で活用することを念頭に、図解にはどのようなノウハウが必要なのかを事例を通じて解説していきます。

ところで「木を見て森を見ず」ということわざがあります。広辞苑には「細かい点に注意し過ぎて大きく全体をつかまない」とありますが、これは税務にも当てはまることだと思います。実際の場面では、複数の関係者が登場し、これらの間で複雑な取引が行われることがあります。更に国境を跨ぐこともあり、難解であることが少なくありません。そのようなときに、個々の部分的な取引のみに注意してしまうと、全体像がつかめずにポイントを見失うおそれがあります。

では具体例で考えてみましょう。時折「会社の預金を私的に流用」といった見出しで報道される横領事件があります。このような事件は税務調査で発覚することがありますが、これは偶然と言うよりは必然的に発見されるのではないかと思います。

実際の調査においては、税務調査官はいきなり帳簿書類を見ることはなく、まずは事業概況を丹念に聴取して、経理処理や事務処理などの業務処理フローの全体像を把握することに主眼を置きます。その上で例えば、長年一人で担当している業務や上席者のチェックを受けないなど内部けん制が手薄なところがないか、また、通常の取引とは異なる特異な取引や利益率が異常数値となっている取引などを探し出し絞り込んで調査することになります。限られた調査日数の中で網羅的に調査することは非効率で現実的ではありませんので、全体像を俯瞰した上で狙いを絞って調査することはとても重要です。これは正に「着眼大局、着手小局」です。そのような箇所には経理上の問題も内在しており、結果的に横領が発見されるのではないでしょうか。これを会社側から見た場合にも同じことが言えます。会社自身も業務処理フローを整理することで、チェック体制が手薄な業務を発見することにつながり、内部不正を未然に防ぐための措置を講じることが可能です。

これは一例ですが、登場するヒトが複数で、取引が複雑になればなるほど、まずは全体像を整理して関係性や流れをつかみ、構造的に理解することが重要になります。そこで全体像を整理する手段として図解が重宝されているのです。

このような図解の重要性を意識して、2018年９月に一般財団法人大蔵財務協会から「税務調査に活かす　図解トレーニング」を出版しました。前著から５年が経ちましたが、このたび出版の機会を頂きましたので、前著をベースとしながらも、これまでに読者や編集者の皆様から頂いた貴重なご意見などを踏まえて見直し、装いを新たに「税務図解の技法」として出版することとしました。頂いたご意見に対しましてこの場をお借りして厚く御礼申し上げます。

さて、前著は調査での活用を意識したものでしたが、本書が取り扱った内容は調査に限定しておらず、広く税務が関わる場面を意識して構成しました。前著からの見直しのポイントは次の５点です。

まず１点目は、前著の図解は、○や□など手書きで対応できるシンプルな記号を使って描くことを紹介しました。しかし、実務ではパソコンを使って図解することが多いと思いますので、分かりやすさや見栄えを意識して簡単なアイコンを使うことにしました。

２点目は、演習問題を拡充しました。前著は「週刊税のしるべ」を題材にした５問、裁決例は４問、会話は１問の合計10問でしたが、本書では「日本経済新聞」を題材にした２問、「週刊税のしるべ」は１問、裁決例は３問、そして会話は４問の合計10問としました。新聞記事は実名入りのものを題材としていますが、記事そのものを図解することが目的ですので、登場人物や法人を批評するなど是非を述べるものではありません。また、会話形式の演習では税務の専門用語は極力避け、平易な言葉で表現していますので、これらも併せてご了承ください。

３点目は、演習では図解の完成までの流れを理解しやすくするために、題材の読み込み、図解の手順、解答例、図解からの気付きの順に解説しています。ヒト、モノ、カネなどの重要なキーワードは、題材から拾い出して一覧表にまとめ、そのキーワードと関連付けを解説しました。なお、各演習の解答は一つではないと思います。三者三様で描く人によって図解は違ってくると思いますので、演習の解答は一例として紹介しています。

４点目は、図解することによって税務上どのような問題が考えられるのかなど、図解することで浮き彫りとなった課題や問題点の一例を紹介しています。

最後の５点目は、ハンディーなものにするため本のサイズを小さくしました。前著はＢ５判のサイズでしたが、本書はＡ５判にサイズを変更しました。なお、紙幅の関係で文字が小さくなり見づらい図解がありますが、これについては別途、拡大版の図解を掲載していますのでご了承ください。

このような構成の本書ですが、図解に興味をお持ちになった読者の助けになれば幸いです。

最後に、本書出版の機会を与えて頂きました一般財団法人大蔵財務協会の木村幸俊理事長をはじめ、出版編集部の皆様には終始ご協力とご支援を頂きました。深甚感謝申し上げます。

2023年10月

野川　悟志

本書の構成と目次

3　図解の基本的なルール

4　図解の手順

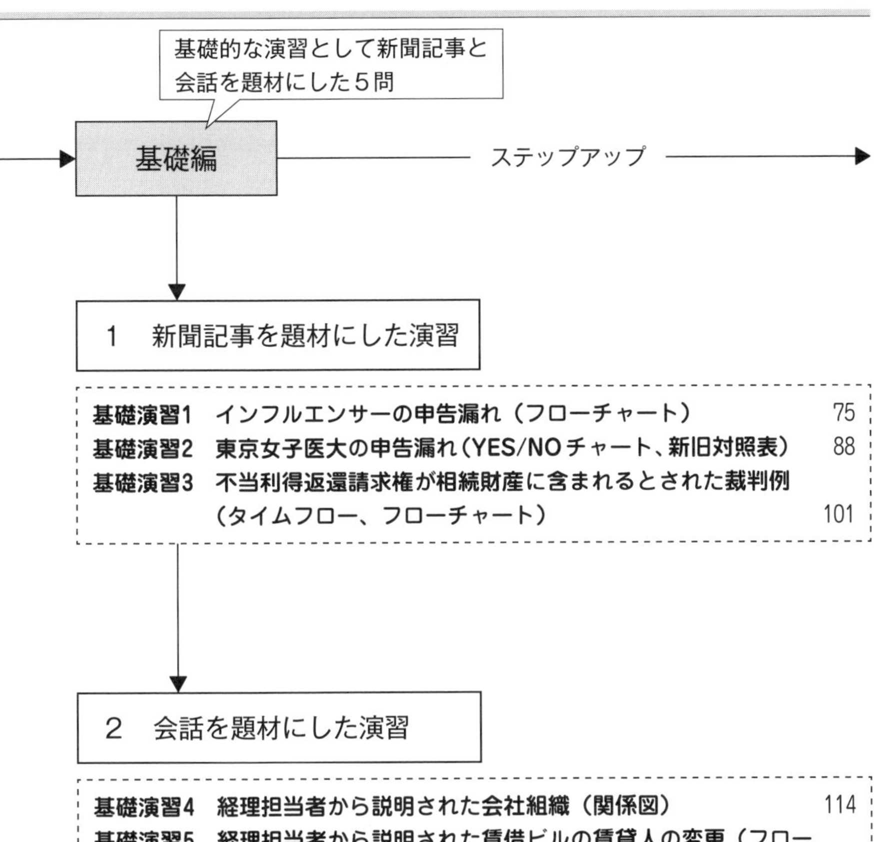

2　会話を題材にした演習

実践的な演習として裁決例と会話を題材にした５問

実践編

1　裁決例を題材にした演習

2　会話を題材にした演習

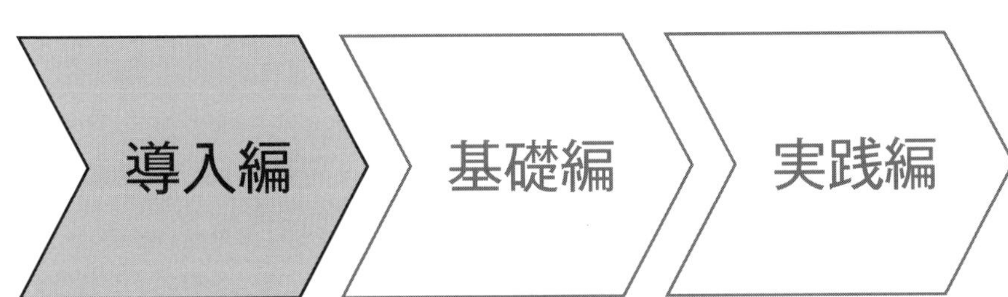
導入編
基礎編
実践編

導入編 1 図解とは何か

1 なぜ図解が必要なのか

取引先の代表者や経理担当者から新たな事業展開や事務処理などの説明を受ける際、相手の話しを聴きながら箇条書きでメモを取ることが多いのでないかと思います。しかし、文字だけのメモだと全体像がつかみにくく、相手が説明した順にメモするため、相互の関連も分かりづらいものとなってしまいます。また、後で他の人に説明する場合に、メモをそのまま見せても理解が得にくいものです。そうすると説明のために改めて資料を作成することにもなり、結果的に相当の時間と手間を要することになってしまいます。

このような場合、相手から聴き取ったことや文章で説明されていることを、図表を使って要約することで分かりやすい資料にすることができます。更に画像情報であるため、文字や会話より記憶に留めやすくなります。「人が得る情報の８割以上は視覚から」と言われますが、我々の日常生活の中では、感覚的には文字や言葉の情報よりも、画像による情報の方が受け入れやすいと言えるのではないでしょうか。

では税務の世界で考えてみましょう。税務では、取引情報の「トキ」(時)、「ヒト」(個人、法人)、「モノ」(物、業務等)、「カネ」(現預金等)、「結果」に加えて、「書類」や「データ」の動きについては、正確に把握しておく必要があります。なぜならば、これらの情報はいつ誰が何によっていくらの所得を得ているのか、といった課税に直結する重要な情報だからです。このような情報は相手から聴き取った内容を箇条書きでメモしても、全体像が見えず、相互の関連性も分かりません。最悪の場合、後で読み返すと何のことか分からなくなることも少なくありません。

また、残念ながら説明した側と説明を受けた側が、その説明の内容について同じ認識でいるのか、疑問に感じることもあります。特に税務調査の場面では、事実関係を誤認したまま調査が進むことは課税庁、納税者の双方にとって時間と労力のロスになりますし、誤った課税処分につながるおそれがあります。

このような課題を解決する方法として、課税上重要な情報を、図表を使って整理することはとても有効な方法です。具体的には、ヒト、モノ、カネなどの動きを記号や表などを使って、登場人物は誰か、物の流れはどちらか、お金の流れはどちらかなどを正確に把握し、一覧性のある図表で整理するのです。このように情報を図表で表すことは一般に「図解」と呼ばれています。

そこで本書が目標としている図解はどのようなものか、これから３つの事例を基に説明します。まず１つ目は新聞記事を図解した場合、２つ目は会話で説明を受けた事務処理を図解した場合、そして最後の３つ目は裁決例の事実関係を図解した場合です。

(1) 新聞記事と図解

ここで取り上げる事例は、週刊税のしるべ2023年９月11日３面に掲載された国税庁が公表している文書回答事例（「複数の固定資産を交換した場合の所得税法第58条に規定する交換の特例の適用について」令和５年８月２日東京国税局文書回答事例）に関する記事です。この新聞記事では、複数の固定資産を交換した場合の所得税法58条に規定する交換特例の適用の可否が紹介されています。照会者と兄との間で共有されている７か所の土地の交換状況に注意して読んでみましょう。

東京局

複数資産の交換は合計額で交換差額要件を判断

東京国税局は8月31日、国税庁ホームページ上で「複数の固定資産を交換した場合の所得税法第58条に規定する交換の特例の適用について」の文書回答を公表した。同局は照会の事実が前提なら差し支えない旨回答している。

照会者は、計7か所の宅地（本件各土地）を照会者の兄と共有で所有しているが、その共有状態を解消してそれぞれが本件各土地を単独所有とするために、一の交換契約により、本件各土地に係る共有持分の一部を交換（本件交換、かかる契約を本件交換契約）することを予定しており、具体的な内容は次のとおり。

①照会者は、兄に対し本件各土地のうち4か所の土地（本件各譲渡土地）に係る共有持分を交換に係る譲渡資産として譲渡する。

②照会者は、兄から本件各土地のうち本件各譲渡土地を除く3か所の土地（本件各取得土地）に係る共有持分を交換に係る取得資産として取得する。

所得税法58条の交換特例で文書回答

③本件各取得土地の価額の合計額は本件各譲渡土地の価額の合計額を上回るが、その差額（本件交換差額）について金銭その他の資産の授受は行わない。

所得税法第58条《固定資産の交換の場合の譲渡所得の特例》に規定する特例（交換特例）の適用に当たっては、同条第2項において譲渡資産の価額と取得資産の価額との差額が20%を超える場合には適用しない旨の規定（交換差額要件）が設けられている。

そこで照会者は、本件交換の場合、本件各土地の価額につき個々の資産ごとに交換差額要件の判定をすると、組み合わせによってはその差額が20%を超える場合が生じるが、複数の譲渡資産と複数の取得資産の交換の場合における交換差額要件の判定はそれぞれの資産の合計額に基づき行われ、本件交換差額が本件各取得土地の価額の合計額の20%以下となる場合には、交換差額要件を満たすものと解して差し支えないか事前照会していた。

なお、本件各譲渡土地および本件各取得土地に係る各価額は適正な時価であることなど、交換特例の適用に係る要件は全て満たしていることが照会の前提となっている。

複数資産の交換は合計額で交換差額要件を判断
（週刊税のしるべ2023年9月11日3面）

この記事を読んでみると、２段目にある①と②に交換状況が記載されていることが分かります。まず、①を見ると、照会者は兄に対し、７か所の土地の内４か所（A、B、C、D）の共有持分を交換に係る譲渡資産として譲渡していることが分かります。次に、②を見ると、照会者は兄から、７か所の土地の内残る３か所（E、F、G）の共有持分を交換に係る取得資産として取得していることが分かります。これらの譲渡資産と取得資産に係る事実関係を図解してみると、次のようなものが一例として考えられます。

なお、７か所の土地については、便宜上譲渡資産と取得資産それぞれにAからGまでのアルファベットを付しています。

７か所の土地の共有持分を交換

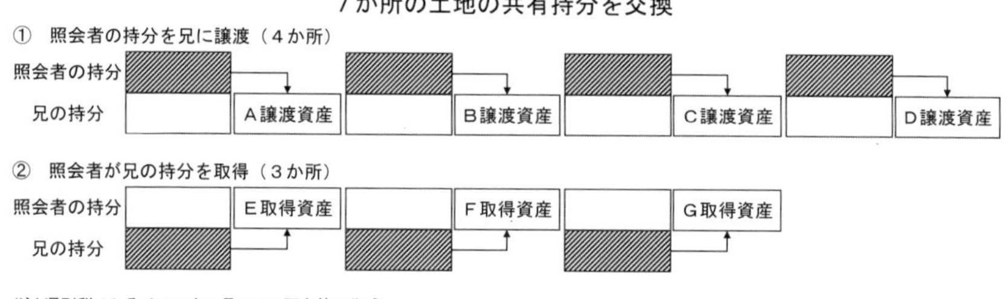

（注）週刊税のしるべ2023年９月11日３面を基に作成

ではこの事例の場合、図解することでどのような問題や疑問点が浮き彫りになったのでしょうか。

この図解は７か所の土地の共有持分について、照会者と兄との間で行われた交換状況を表したものですが、記事にもあるように、交換特例の適用に当たっては、譲渡資産と取得資産の価額の差額が20％を超える場合は適用しないとされています。この要件の判定に当たっては、例えばA譲渡資産とE取得資産との差額で判定するように、個々の組み合わせで判定するのか、それとも複数の譲渡資産（ＡからＤまで）と複数の取得資産（ＥからＧまで）のそれぞれの合計額で判定してよいのかいった点が疑問点として挙げられます。

また、譲渡資産と取得資産の土地の価額や共有割合は明らかではありませんので、上記図解では、それぞれの資産はすべて同じ大きさの四角で表しています。仮に価額等が明らかである場合には、それに応じて四角の大きさを変えると分かりやすい図解になります。

（2）会話と図解

次に取り上げる事例は、会計事務所社員が、新たに顧問先となった甲社の経理担当者から事務処理の流れの説明を受けている場面です。これは税務調査に置き換えてみれば、経理担当者が税務調査官に事務処理の流れについて説明をしている場面と言えるでしょう。

会話の内容としては、顧問先の総務経理課社員のサキさんが、会計事務所社員のリサさんに給与の計算から支払いまでの流れを説明している場面です。部署と事務処理のタイミングに注意して読んでみましょう。

なお、会話の中では、名前をそれぞれ「サキ」又は「リサ」としています（以下の演習問題でも同じ）。

リサ：給与の締め日と支払日を教えてください。

サキ：20日締めの当月末払いです。月末が金融機関の休業日の場合は、前の日の営業日に支払いをします。

リサ：支払方法はどのようになっていますか。

サキ：Ｍ銀行Ｎ支店の普通預金口座から、社員が指定した預金口座に振り込んでいます。

リサ：全社員銀行振り込みですか。現金払いの場合はありますか。

サキ：短時間勤務のアルバイト社員であっても銀行振り込みにしています。以前はアルバイトには現金で支払っていたようですが、受け取りに来ない人もいて、管理が面倒なので、全員振り込みにしています。

リサ：社員の給与体系はどのようになっていますか。例えば、月給制なのか、時給制なのか教えてください。

サキ：ほとんどは月給制ですが、アルバイト社員は時給制になっています。

リサ：では、給与計算はどのように行いますか。毎月の作業手順を教えてください。

サキ：社員は出退社時にタイムカードを打刻することになっていますので、タイムカードを基に勤務日数や勤務時間を把握して、給与一覧表を作成します。

リサ：その給与一覧表はパソコンで作成しているのですか。

サキ：総務経理課にあるパソコンを使って、Excelで作成しています。

リサ：給与一覧表には何が記載されているのですか。

サキ：給与一覧表には勤務日数、勤務時間、基本給、時間給単価、通勤手当などの各種手当のほか、給与から天引きする社会保険料、雇用保険料、源泉所得税、住民税を記載しています。

リサ：給与一覧表は誰かのチェックを受けますか。

サキ：私の上司である総務経理課長の決裁を受けます。

リサ：決裁を受けるときは給与一覧表のほかに見せるものはありますか。

サキ：時々、タイムカードを見せて欲しいと言われます。勤務時間をチェックしているのだと思います。

リサ：決裁の後はどのような事務処理がありますか。

サキ：社員に渡す給与明細書が必要になりますが、この明細は会計事務所にお願いしています。会計事務所には遅くとも24日までに給与一覧表をメールで送っています。会計事務所では給与データを給与計算システムで管理していますので、そのシステムから出力された給与明細書をメールで送ってもらいます。

リサ：給与の振り込みはどのように行いますか。

サキ：給与一覧表を基に給与振込データを作成して、インターネットバンキングでM銀行にデータを送信します。

リサ：振込データは総務経理課長のチェックを受けますか。

サキ：給与一覧表で決裁を受けていますので改めて受けることはありません。

リサ：振り込みの後にはどのような事務処理がありますか。

サキ：振り込みが完了すると、振込結果一覧表が出力できますので、これを基に給与一覧表とチェックします。

そして、給与支払日には社員に給与明細書を渡します。

このように給与の計算から支払いまでの流れの説明を受けた場合に、これらの事務処理の流れを図解にしてみると次のようなものが一例として考えられます。

給与支払に関する事務処理

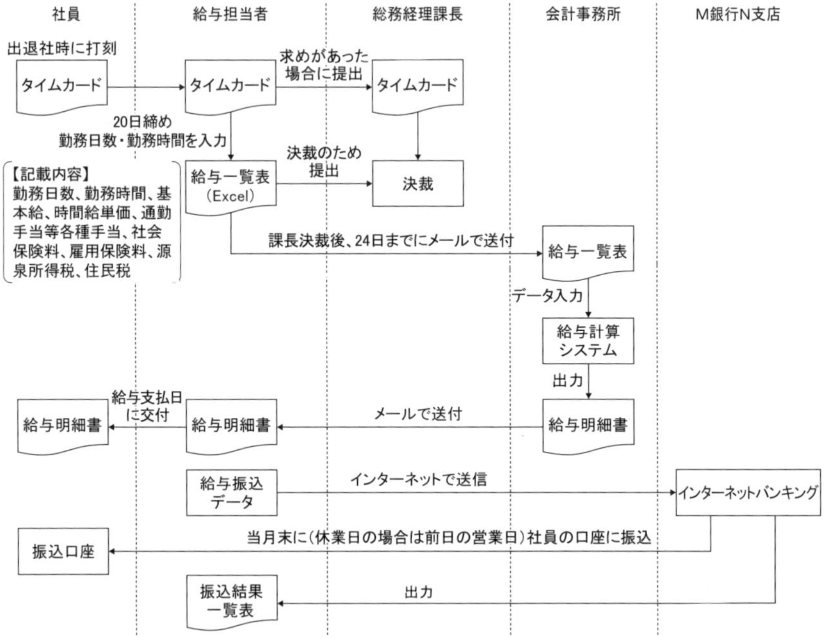

社員 / 給与担当者 / 総務経理課長 / 会計事務所 / M銀行N支店

出退社時に打刻
タイムカード
タイムカード
求めがあった場合に提出
タイムカード
20日締め
勤務日数・勤務時間を入力
給与一覧表（Excel）
決裁のため提出
決裁
【記載内容】
勤務日数、勤務時間、基本給、時間給単価、通勤手当等各種手当、社会保険料、雇用保険料、源泉所得税、住民税
課長決裁後、24日までにメールで送付
給与一覧表
データ入力
給与計算システム
出力
給与明細書
メールで送付
給与明細書
給与支払日に交付
給与明細書
給与振込データ
インターネットで送信
インターネットバンキング
当月末に（休業日の場合は前日の営業日）社員の口座に振込
振込口座
出力
振込結果一覧表

（注）総務経理課社員サキさんからの聴取を基に作成

※拡大版は28～29ページに掲載

実際の場面では、最終的にこのような図解を完成させることをイメージしながら、図解するために必要なヒト、モノ、カネ、書類、データの動きを質問して情報を集めることになります。例えると、パズルを完成させるために足りないピースを探すような作業とでも言えるでしょう。大切なことは、聴き出したい情報の図解パターンがイメージできるか否かではないでしょうか。ここで取り上げた給与計算の事務フローについては、一般的には上記で示したような形になるでしょうから、このような図解のパターンがイメージできていると、要領よく相手に質問して情報を得ることができると思います。

では、この事例の場合、図解することによってどのような問題や疑問点が浮き彫りになったのでしょうか。例えば、給与担当者が作成した給与一覧表はどこで保存されているのか、自身のパソコンか社内の共有サーバーなのかといった点や、会計事務所に依頼している業務は他に何があるのか、といった点が挙げられます。また、振込みに関して総務経理課長の決裁を受けていませんので、内部けん制として問題はないかといった点もあります。

（３）調査事例と図解

次に取り上げる事例は、国税不服審判所裁決平成30年５月14日裁決事例集№111（大裁（所）平29-75）の要旨です。

この事例は請求人の家族に支給された給与等が、請求人に帰属するとして課税処分を受けたものです。この裁決では所得の帰属が問題となっていますので、ヒトとカネの流れに注意して読んでみましょう。

なお、この裁決では、元妻名義で契約された個人年金保険に係る個人年金の帰属も争点となっていますが、ここでは省略しています。

概要

請求人が、代表権を有する法人から請求人の家族に支給された給与等を所得金額に含めずに所得税及び復興特別所得税の確定申告をしたところ、原処分庁が、上記給与等について、請求人に帰属するとして、所得税及び復興特別所得税の更正処分並びに過少申告加算税及び重加算税の各賦課決定処分を行ったのに対し、請求人が、上記給与等について、請求人に帰属しないなどとして、当該各処分の全部ないし一部の取消しを求めた事案である。

事実関係

イ　請求人は、昭和○年○月○日に設立された医療法人社団Ｊ会の唯一の代表権を有する理事長に設立当初から就任していた。

請求人の元妻Ｐ2は、設立当初からＪ会の理事であり、請求人とＰ2の長男Ｐ3は、平成20年4月頃にはＪ会の理事に就任していたが、いずれも、平成26年5月に理事を解任された。また、Ｐ4は、請求人とＰ2の二男である。

ロ　Ｊ会は、Ｐ2に対する役員給与として、平成21年4月から平成26年11月まで、各月754,200円から社会保険料及び所得税などを差し引いた金額を、Ｐ2名義のＫ銀行○○支店の普通預金口座及びＬ銀行○○支店の普通預金口座に振込送金することにより支払った。

ハ　Ｊ会は、Ｐ3に対する給与手当として、平成21年4月から平成27年9月まで、各月250,000円から所得税などを差し引いた金額を、Ｐ3名義のＮ銀行の○○口座に振込送金することにより支払った。

ニ　Ｊ会は、Ｐ4に対する委託料として、平成21年4月から平成26年9月まで、各月100,000円を、Ｐ4名義のＮ銀行の○○口座及びＬ銀行○○支店の普通預金口座に振込送金することにより支払った。

ホ　Ｐ2は、Ｊ会が経営するＵ病院の患者の車椅子を押したり、Ｕ病院やＵ病院に併設する○○のイベントを手伝ったり、○○することがあったが、それら以外にＪ会に対して労務又は役務を提供したことはなかった。

ヘ　Ｐ3は、平成18年からＸ病院の常勤医師であり、年1回のＪ会の社員総会兼理事会へも出席せず、欠席するに当たり社員総会に関する一切の権限を請求人に委任する旨の委任状を提出する程度で、Ｊ会の理事としての職務をしたことがなく、また、Ｕ病院の医師として勤務したこともなかった。

ト　Ｐ4は、医師であり、平成19年からアメリカ合衆国で医学研究に従事しているが、請求人やＪ会から医学的な相談を受けたことはなく、医学的な文献を提供したこともなかった。

チ　請求人は、Ｌ銀行○○支店の集金担当者が毎月Ｊ会を訪問する際、Ｐ2名義の口座の通帳を預け、当該口座からの出金を依頼し、現金を受け取っていた。

リ　請求人は、平成22年1月28日にＰ3名義の口座から7,000,000円及びＰ4名義のＮ銀行の○○口座から8,000,000円を出金し、各々Ｐ3名義及びＰ4名義の○○に振り替えた。その後、請求人は、同年11月24日に、Ｊ会の事務次長であったＰ5を代理人として、前記Ｐ3名義の○○に振り替えた7,000,000円を解約の上、うち2,000,000円をＰ3名義の○○に振り替え、残金5,000,000円については現金で出金した。

この事実関係を読んでみると、ヒトについては、Ｊ会理事長である請求人の家族関係が分かります。Ｐ２は元妻で、Ｐ３は長男、Ｐ４は二男です。このような関係を図解すると次のようなものが一例として考えられます。

なお、Ｐ４はアメリカ合衆国で医学研究に従事しているとされていますので、Ｐ４はアメリカの居住者とし、それ以外の者は日本の居住者として表しています。

家族関係図

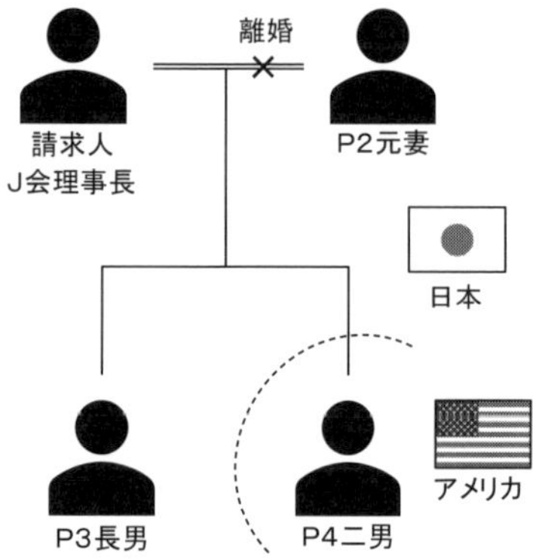

離婚

請求人
J会理事長

P2元妻

日本

アメリカ

P3長男

P4二男

（注）国税不服審判所裁決平成30年5月14日
裁決事例集No.111（大裁（所）平29-75）を基に作成

また、Ｐ２ら家族のＪ会における役割や勤務実態についても分かります。支払われた給与手当等の帰属を確認する上では、勤務実態等も把握しておく必要がありますので、これを図解すると次のようなものが一例として考えられます。

P2らの勤務実態等

氏名	請求人との続柄	Ｊ会での役職	勤務実態
P2	元妻	設立時から平成26年5月まで 理事	・J会経営U病院の患者の車椅子を押したり、U病院等のイベントの手伝いあり ・それ以外J会で労務、役務なし
P3	長男	平成20年4月頃から平成26年5月まで 理事	・平成18年からX病院の常勤医師 ・J会の社員総会兼理事会に出席なし ・U病院で医師として勤務なし
P4	二男	－	・平成19年からアメリカで医学研究 ・請求人やJ会から医学的な相談なし

（注）国税不服審判所裁決平成30年5月14日裁決事例集 No.111（大裁（所）平29-75）を基に作成

そして、Ｊ会から支出されたＰ２らへの給与手当等の支払方法や振込先口座の管理状況も分かります。これも上記の勤務実態等と同様に、支払われた給与等の帰属を確認する上で把握しておく必要がある情報ですので、これを図解すると次のようなものが一例として考えられます。

P2らに支払われた給与手当等の流れ

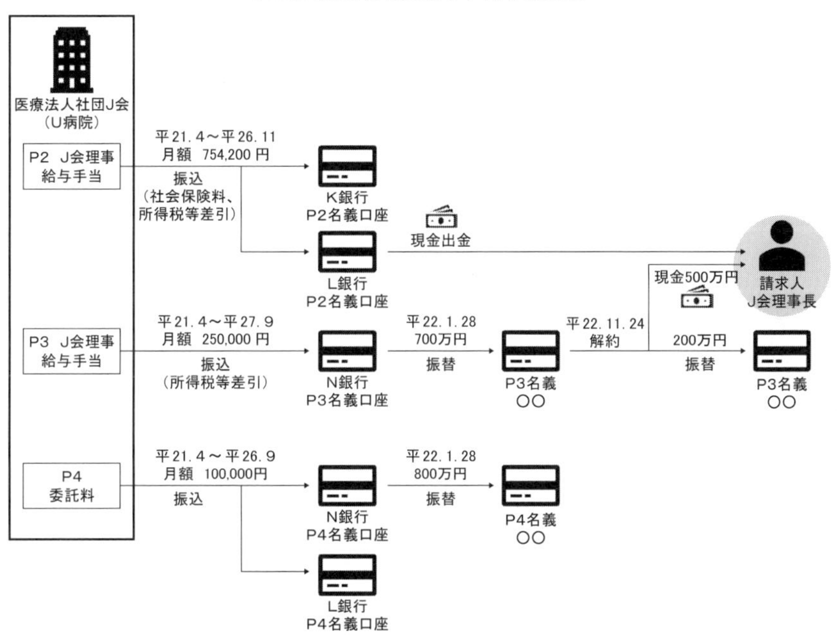

（注）国税不服審判所裁決平成30年５月14日裁決事例集No. 111（大裁（所）平29-75）を基に作成

※拡大版は30～31ページに掲載

これまでに家族関係、勤務実態、そして給与手当等の流れの３つの図解を紹介しましたが、読者の皆様はどのような図解をイメージされたでしょうか。

まず、請求人のＰ２らの家族関係については関係図を使いました。この事例では給与手当などの帰属が問題となっていましたので、Ｐ２ら各人の勤務実態はマトリックスを使いました。そして、Ｊ会から支出されたＰ２らへの給与手当などカネの流れについては、フローチャートを使って図解しました。

ではこの事例の場合、図解することによってどのような問題や疑問点が浮き彫りになったのでしょうか。例えば、上記Ｐ２らに支払われた給与手当等に関するフローチャートを見ると、Ｐ２らの預金口座は誰が開設し、通帳、印鑑、キャッシュカードなどは誰が管理しているのか、また、出金された現金はその後どのようになっているのか、といった点が挙げられます。

2　図解のメリット

具体的な図解としてこれまでに新聞記事、会話、調査事例の３つの例を紹介しましたが、図解することのメリットとしては次の５点を挙げることができます。

（1）全体像が俯瞰できる

図解することで複雑で分かりにくい取引や関係性などが、文字ではなく画像によって全体を理解することができます。例えば、Ａ４判の用紙数枚にビッシリ文字が埋まっている説明文が、Ａ４判１枚に描かれた図表になっていれば、瞬時に理解できるのではないでしょうか。図解を使えば少ない量で多くの情報を伝えることができます。

（2）情報の把握漏れが発見できる

全体像を図解で整理していく中で、この関係性はどうなっているのか、この先の取引はどうなっているのか、カネの流れはこの法人からこの個人でよいのかなど、手が止まる場面があります。

また、図解が完成した後で見直してみると、この関係とあの関係は矛盾しているのではないか、この流れは通常の流れとは異なるが正しいのかなど、情報が不足している点や再度確認をした方がよい点などに気づくことがあります。このように図解で整理して全体像を俯瞰することで、情報の把握漏れや間違いなどを発見することができます。

（３）問題点や課題が浮き彫りになる

図解は全体像を理解するための助けになることはもちろんですが、手元にある図解は現状の事実関係を表したものに過ぎません。例えば、税務の世界では、次の段階として、この事実関係で税務上問題となることは何があるのか、逆にそのような問題を回避するために今後の対応として何ができるのかなど、図解をきっかけにして問題点や新たな課題を浮き彫りにすることができます。

（４）情報が共有できる

相手から説明を聴く場合に、説明した側とその説明を受けた側が、一つの情報に対し同じ理解でいるのかどうか疑問に思うことも少なくありません。双方が念頭に置いている前提が違うのに、それでお互いが何となく分かった気になってしまうことは避けたいものです。

このようなときに、相手が説明したことを図解で整理すれば、双方の認識が同じものとなりますし、前に述べたように問題点や課題を明確にすることができます。説明を受けながら図解にする際、白紙の用紙に描くこともあれば、ホワイトボードを使って大きく描くこともあります。

説明した図解はコピーや写真で共有しておくとよいでしょう。

（5）説明の精度が上がる

説明の際、多忙な相手に長々と説明することは避けたいものです。図表を使って効率よく説明して理解してもらうことが必要です。説明を受けた相手も図解を基に問題点や課題を指摘しやすくなりますし、1枚にまとめられた資料であれば、画像として長く記憶に残ることでしょう。

また、打ち合わせの際に、相手の説明を聴きながらその場でスラスラと図表で話を整理していけば相手の話がより具体的なものとなり、課題も発見しやすくなります。それ以上に話を聴きながら図表でメモしていくことで、サービスの付加価値も高まるのではないでしょうか。

3　活用の場面

図解は、実際にどのような場面で有益なツールとなるのでしょうか。

まず思いつくのは、PowerPointといったソフトでプレゼン資料を作成する場面かもしれませんが、税務の世界では、例えば事務処理や会計処理の手順をフローチャートで図解にする場面をはじめ、調査において問題視されている取引を図解し争点を明確にする場面や、難解で複雑な税制を図解で説明する場面などが考えられます。このような図解は別の言い方をすれば、大きなものや複雑なものを小さくコンパクトに要約するような作業とでも言えるでしょう。逆に小さなものから大きなものに拡張し展開していくものとしては、例えば何万文字の論文執筆の前作業として、起承転結を図解にして構想を整理する場面も考えられます。

書籍を例にすると、一般財団法人大蔵財務協会から「図解所得税」や「図解法人税」などとして「図解」を冠したシリーズが発売されています。読者も多いことと思いますが、これは古く1983年に、税制を容易に理解できるように「図」や「表」を数多く用いて解説するというコンセプトで出版されたものであり、図解活用の好事例として挙げることができます。

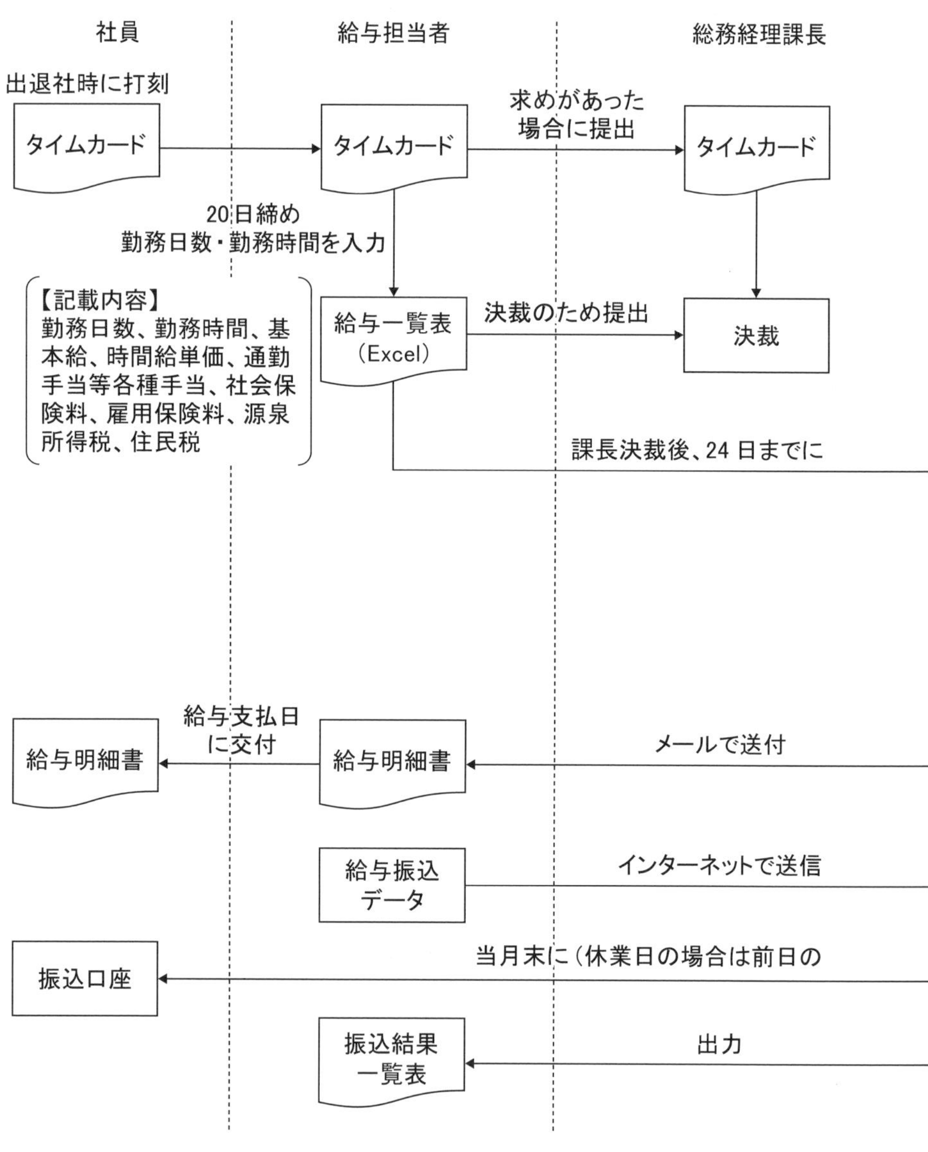

（注）総務経理課社員サキさんからの聴取を基に作成

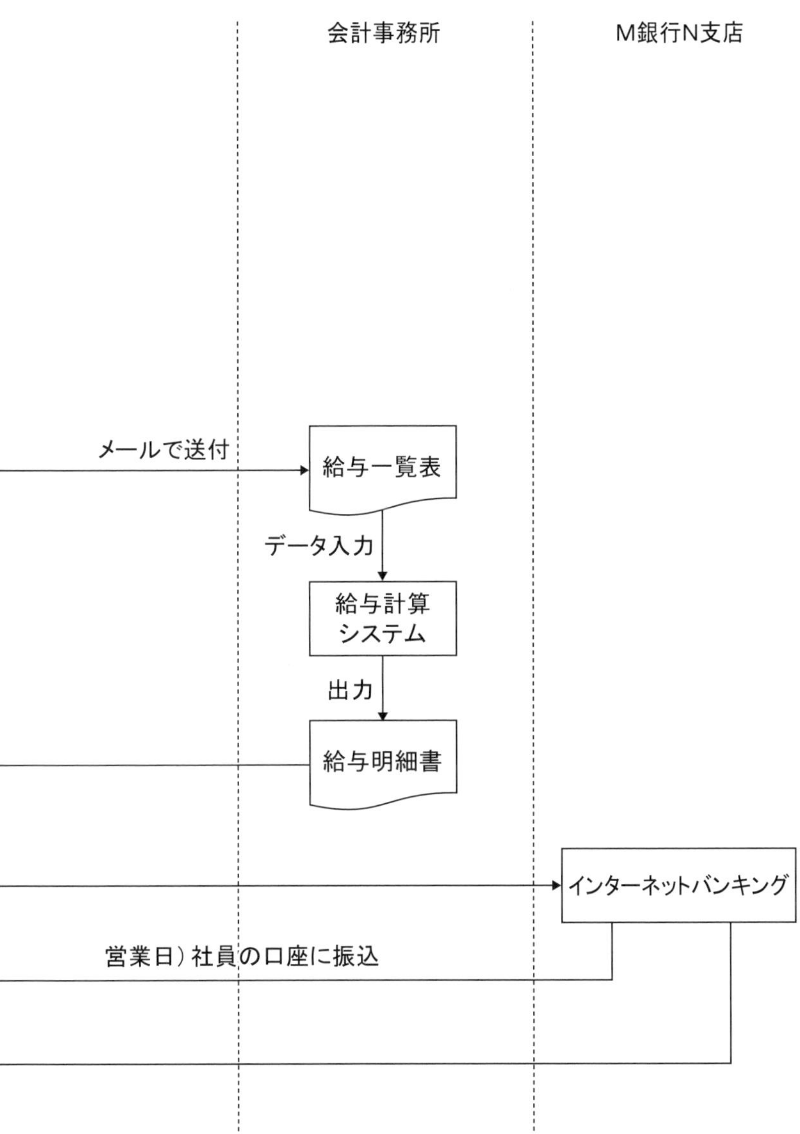
会計事務所
M銀行N支店
メールで送付
給与一覧表
データ入力
給与計算
システム
出力
給与明細書
インターネットバンキング
営業日）社員の口座に振込

P2らに支払われた給与手当等の流れ

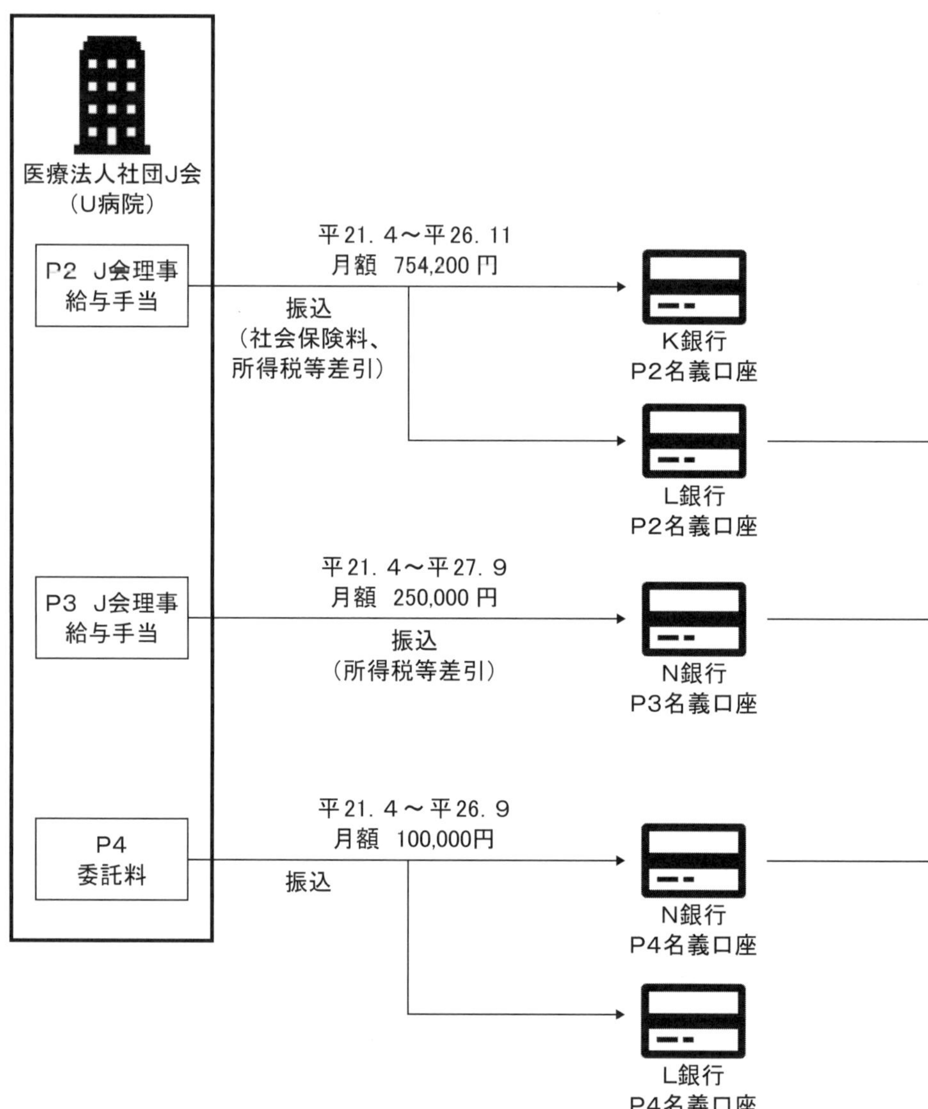

（注）国税不服審判所裁決平成30年５月14日裁決事例集No. 111（大裁（所）平29-75）を基に作成

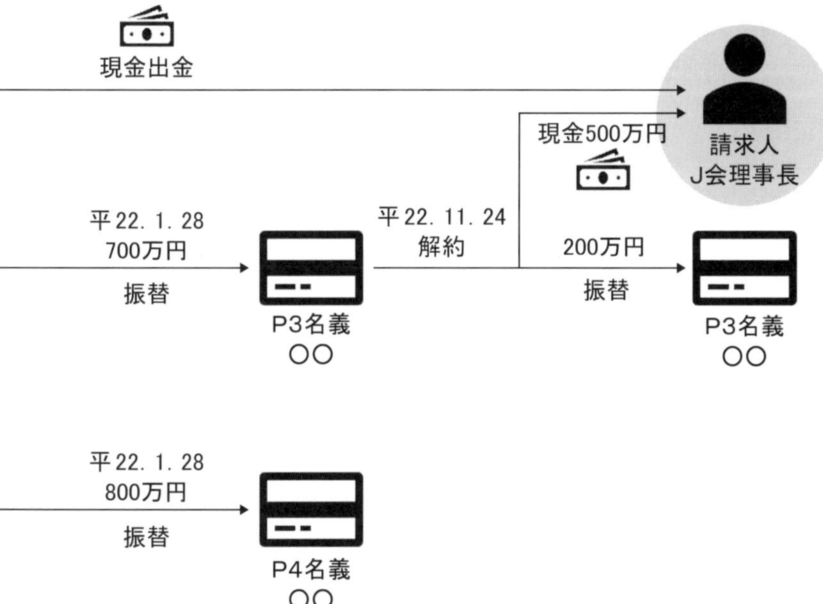
現金出金
現金500万円
請求人
J会理事長
平22. 1. 28
700万円
振替
P3名義
○○
平22. 11. 24
解約
200万円
振替
P3名義
○○
平22. 1. 28
800万円
振替
P4名義
○○

導入編 2
図解の種類

一般的に使用されている図解のパターンには次のようなものがあります。通常は１つのパターンを使って図解しますが、表現する内容によっては、これらを組み合わせて図解することもあります。

なお、ここで紹介する７種類の図解は、本書で取り扱っている図解のパターンです。

1 フローチャート

フローチャートはヒト、モノ、カネなど取引の流れや事務手順などの流れを表す場合に使用します。

次の例は当社が、Ａ社から無地のＴシャツを仕入れ、それを個人事業者のＢにイラストのプリント加工を委託して、イラスト入りのＴシャツとしてＣ社に販売している場合の図解です。ここではモノの流れのみを表していますが、実際にはカネや書類の流れなども一緒に表すことになります。

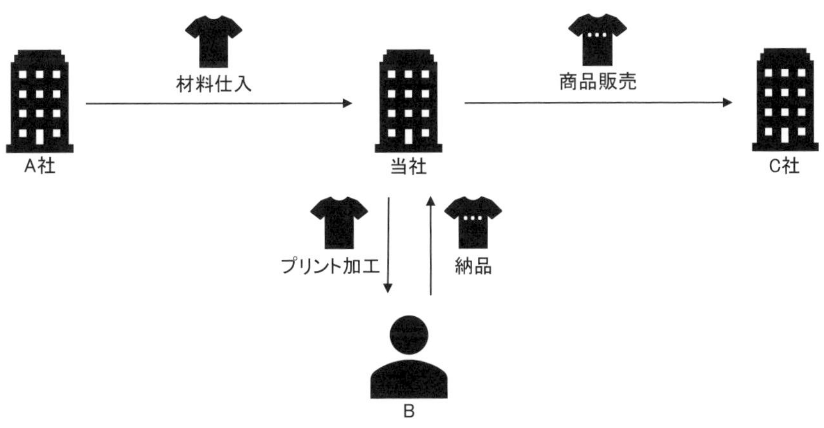

2　タイムフロー

タイムフローは、トキやモノの動きなどを時系列で整理する場合に使用します。

次の例は３月決算の法人が、2022年３月18日にディーラーにトラックを発注し、代金の一部を手付金として支払いをしたものの、半導体不足等の影響で大幅に納車が遅れ、2023年３月20日に納車されため、その日に残代金の支払いをしたというものです。しかし、トラックを実際に事業の用に供したのは2023年４月11日であったとした場合の図解です。

この例では上部にトキに関する情報を記載し、下部にその時点で発生した事実関係を記載しています。なお、事実関係と次の事実関係の間に間隔があり、時間の長さを短くして表す場合には、直線上に縦向きの波線の記号（≀）を使うことがあります。

また、事業年度末日や期限など他の情報と区分した方がよいものは、線の太さを変えて表すこともあります。

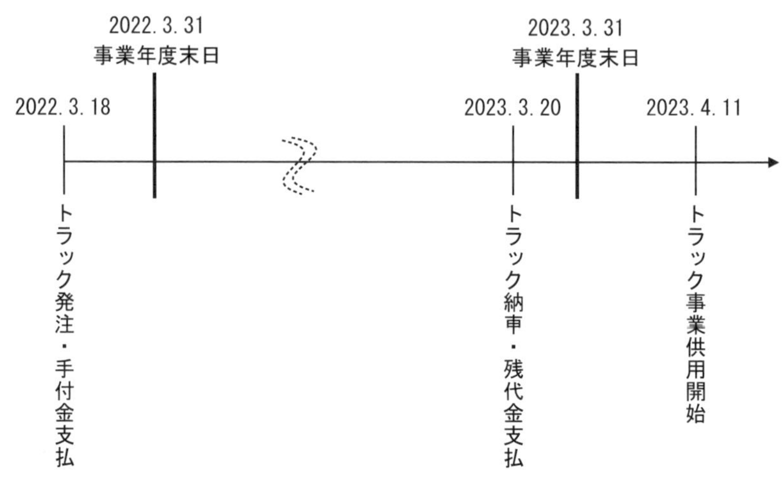

3 YES/NO チャート

YES/NO チャートは、その名のとおりある判断を YES 又は NO のように二者択一で振り分け結論を得る場合に使用します。使用する記号としては、判断は◇、それ以外は□とするのが一般的です。

次の例は、いわゆる賃上げ促進税制の適用可否に関する判断のイメージです。具体的には、青色申告法人の中小企業者が2023年３月決算において、雇用者給与等支給額が比較雇用者給与等支給額の1.5％以上増加しているのか否かを判断し、YES の場合には中小企業向けの賃上げ促進税制が適用可となります。NO の場合には、中小企業向けの賃上げ促進税制は適用できませんが、次に継続雇用者給与等支給額が継続雇用者比較給与等支給額の３％以上増加しているか否かを判断し、YES の場合には大企業向けの賃上げ促進税制が適用可になるとした場合の図解です。

なお、継続雇用者給与等支給額については、継続雇用者に対する給与等の支給額からその給与等に充てるために他の者から支払を受ける金額を控除した額とされるなど一定の要件がありますが、ここでは省略しています。

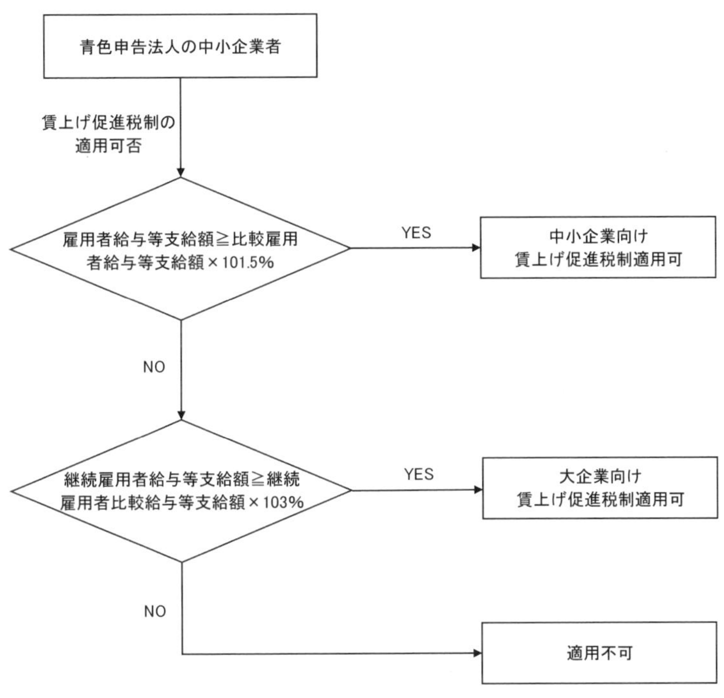

4　関係図

関係図は、登場する個人や法人などの相互の関係を表す場合に使用します。具体例としては、被相続人と相続人の関係を表す相続関係図や、法人の株主を表す出資関係図、そして企業内の組織（総務課、営業課など）を表す組織図などがあります。

次の例は相続関係図です。2023年６月４日にＡの相続が開始しました。Ａの配偶者Ｂは既に死亡しており、相続人は子のＣとＤの２名であるとした場合の図解です。

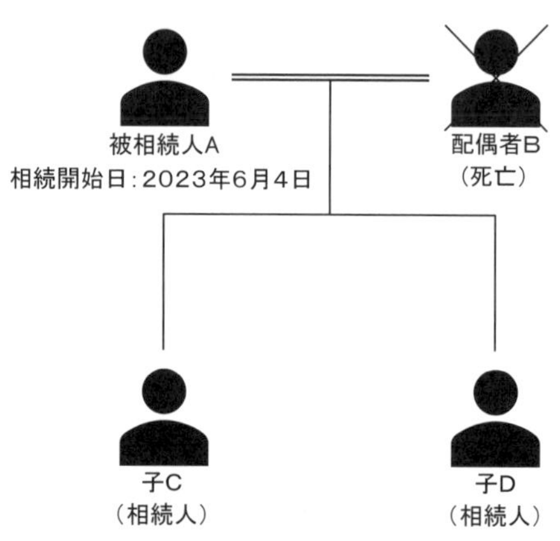

5 マトリックス

マトリックスは、複数の情報を縦軸と横軸を使って整理する場合に使用します。マトリックスという呼称は別にして、情報を表でまとめることは多く、馴染みのあるパターンだと思います。

次の例は、累次の消費税率の改正状況を時系列に整理したものです。消費税導入時の1989年４月１日以降は消費税率３％でした。導入当初は地方税の地方消費税はありません。これが改正され1997年４月１日以降は消費税率４％、地方消費税率１％で、これらの合計で５％となりました。次の改正では、2014年４月１日以降は消費税率6.3％、地方消費税率1.7%で、これらの合計で8%となりました。直近の改正では、2019年10月１日以降は標準税率として消費税率7.8%、地方消費税率2.2%で、これらの合計で10%となり、更に軽減税率として消費税率6.24%、地方消費税率1.76%で、これらの合計で8%となりましたので、これらの改正経過を時系列にまとめた図解です。

区分＼適用開始日	1989年4月1日以降	1997年4月1日以降	2014年4月1日以降	2019年10月1日以降	
				標準税率	軽減税率
消費税率	3%	4%	6.3%	7.8%	6.24%
地方消費税率	―	1%	1.7%	2.2%	1.76%
合計	3%	5%	8%	10%	8%

また、本書では取り扱っていませんが、次のような図解もマトリックスと言えるのではないかと思います。

次の例は、インボイス制度下における消費税の税額計算の方法を表したものです。売上税額の計算では総額割戻し計算方式とインボイス積上げ計算方式を適用することができます。一方、仕入税額では総額割戻し計算方式又は積上げ計算方式（積上げ計算方式にはインボイス積上げ計算方式と帳簿積上げ方式があり、これらは併用可）を適用することができます。ただし、売上税額の計算でインボイス積上げ計算方式を適用した場合、仕入税額では総額割戻し計算方式は適用できないとされていますので、この関係をパターン別に図解したものです。

<table>
<tr><th>税額計算
パターン</th><th>売上税額</th><th>仕入税額</th></tr>
<tr><td>1</td><td rowspan="2">総額割戻し計算</td><td>インボイス積上げ計算　併用可　帳簿積上げ計算
選択</td></tr>
<tr><td>2</td><td>総額割戻し計算</td></tr>
<tr><td>3</td><td>総額割戻し計算　併用可　インボイス積上げ計算</td><td rowspan="2">インボイス積上げ計算　併用可　帳簿積上げ計算</td></tr>
<tr><td>4</td><td>インボイス積上げ計算</td></tr>
</table>

6　新旧対照表

新旧対照表は、法令などの改正前と改正後の状況を、左右に分け対比させて表す場合に使用します。表の左側には改正後の法令を、右側には改正前の法令を記載し、改正箇所に下線を付けるのが一般的です。

なお、縦書きの表にする場合には、上段に改正後の法令を、下段に改正前の法令を記載します。

次の例は国税徴収法146条の２の新旧対照表です。令和５年度税制改正によって、徴収職員は、滞納処分に関する調査について必要があるときは、事業者に、調査に関し参考となるべき帳簿書類その他の物件の閲覧又は提供その他の協力を求めることができることが法令上明確化されましたので、これを図解したものです。

改正後	改正前
（事業者等への協力要請） 第146条の2　徴収職員は、滞納処分に関する調査について必要があるときは、事業者（特別の法律により設立された法人を含む。）又は官公署に、当該調査に関し参考となるべき帳簿書類その他の物件の閲覧又帳簿書類その他の物件の閲覧又は提供その他の協力を求めることができる。	（官公署等への協力要請） 第146条の2　徴収職員は、滞納処分に関する調査について必要があるときは、官公署又は政府関係機関に、当該調査に関し参考となるべき帳簿書類その他の物件の閲覧又は提供その他の協力を求めることができる。

7　サイクル

サイクルは、ぐるぐると循環させながら手順などを進める場合に使用します。矢印の流れは右回転にすると見やすくなります。

次の例は、いわゆるPDCAサイクルとして、Plan（計画）→ Do（実行）→ Check（評価）→ Action（改善）の４段階を繰り返し行うとした手順を図解したものです。

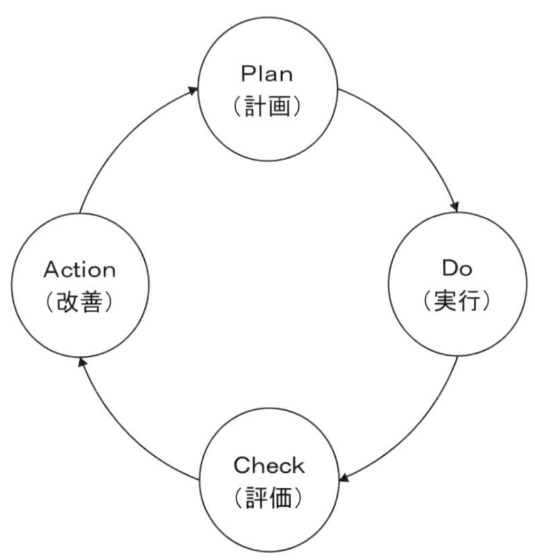

導入編 3

図解の基本的なルール

これまで紹介した図解のほかにも、図解のパターンは多数ありますが、次に紹介するフロー形式と表形式の２つの基本パターンを理解すれば、多くの事例に対応できるのではないかと思います。この基本パターンをベースに、フロー形式と表形式を組み合わせることはもちろん、線のパターンや太さを変えたり、網掛けや色を使ったりなどしてそれぞれをアレンジすることで、より一層分かりやすい図解になります。要は、自分自身が理解でき、相手が理解しやすい図解にすることが大切です。

では、これから図解の基本的なルールを見ていきます。次の図解は23ページで取り上げた裁決例に関するフローチャートです。この図解を基に注意して頂きたい点を紹介します。

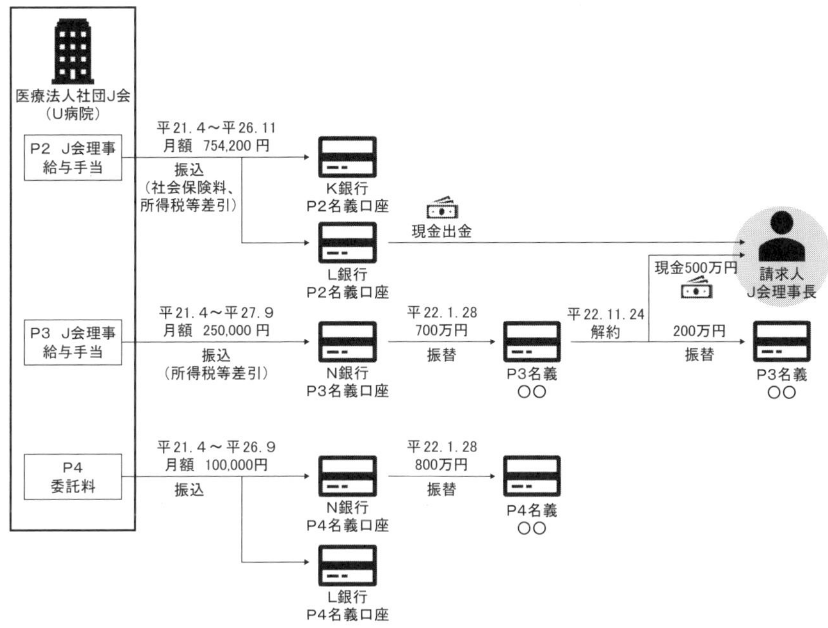

（注）国税不服審判所裁決平成30年５月14日裁決事例集No. 111（大裁（所）平29-75）を基に作成

※拡大版は30～31ページに掲載

1　共通的な留意点

図解のパターンに関係なく共通する留意点としては、次のような点が挙げられます。これは税務に関する図解に限らず、一般的な図解にも当てはまることだと思います。

（1）タイトル

図解が完成したらタイトルを表示します。「名は体を表す」といいますが、タイトルを見れば、何を図解したものかが分かることが大切です。このため、タイトルは「○○の流れ」や「○○の構図」など、その図解が何を表しているのかが分かるように短かい文章にします。上記事例は医療法人社団Ｊ会からＰ２らに支払われた給与手当や委託料の流れを表したものですので、タイトルは「Ｐ２らに支払われた給与手当等の流れ」としました。

なお、タイトルはフォントを変えたり、文字ポイントを大きくしたりするのが一般的です。

（2）情報源

図解の基となった情報源を表示する場合は、左下などの余白に注書きとして例えば「○○○を基に作成」、「○○○の資料に基づく」、「○○○の説明を基に作成」のように記載します。

上記事例の場合は、裁決例を基に図解しているため「国税不服審判所裁決平成30年５月14日裁決事例集 No.111（大裁（所）平29 - 75）を基に作成」としています。

なお、注書きは文字ポイントを小さくするのが一般的です。

（3）補足説明

すべての情報を図表のみで表現しようとすると複雑になり過ぎて、かえって分かりづらいものとなります。そこで、必要に応じて吹き出しや余白に文章を入れるなどして補足説明を加えます。

上記事例の場合は、例えば、Ｐ２への給与手当は平成21年４月から平成26年11月まで月額754,200円から社会保険料や所得税など差し引いた額が振込送金されているとありましたので、Ｐ２名義口座に向う矢印には、「平21.4～平26.11 月額 754,200円」と「振込（社会保険料、所得税等差引）」の補足説明を加えています。

また、表示された数字を補足する場合、例えば「カッコ内は前年比を示す」や、「上段は2022年３月期、下段は2023年３月期の数値」のように余白に注書きを加えることもあります。次の例は、ある売上先に対する２期分の売上請求金額を表示した場合です。

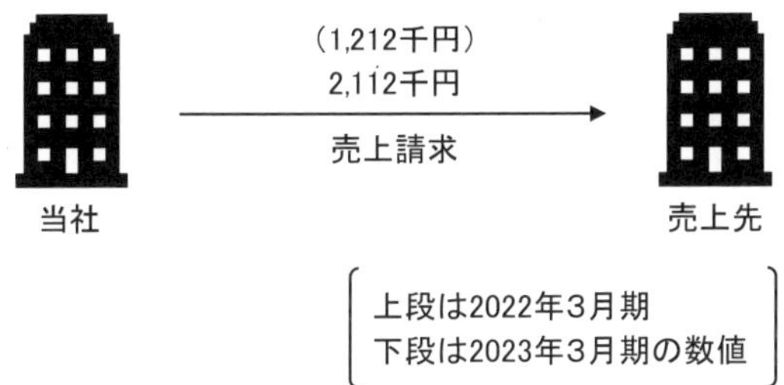

2　フロー形式の留意点

複数のヒトが登場し、それらの相互の関係を図解する場合には、フローチャートを使うことが一般的ですが、図解に当たっては次のような留意点が挙げられます。

（1）レイアウト

図解のレイアウトとしては、一般的には左から右の方向に展開するものか、上から下の方向に展開するように描きます。また、図解のサイズとしては、Ａ４判で１枚に収められるように描くことが多いのではないかと思います。

上記事例は、医療法人社団Ｊ会からＰ２への給与手当などとして支出されたカネを、Ｊ会理事長である請求人が受け取るなどしていることから、給与手当等の支払者のＪ会を左に配置し、そこからのカネの流れが右に展開するように図解しています。

(2) アイコン

相手の話を聴きながらフローチャートを描く場合には、手書きとなり、時間的、技術的な制約からシンプルな□や○といった記号を使って描くことになると思いますが、これだと視覚的に分かりやすいといえません。パソコンを使うことができる場合は、例えばMicrosoft officeのWordやExcelの「アイコン」機能には や などがあり、これらを使うと分かりやすくなります。上記事例でも を法人、 を個人として扱っています。このような視覚的に分かりやすいアイコンを使った図解は、理解しやすく記憶に留まるものとなります。

なお、 などが何であるのかを説明する場合には、その下に簡潔な説明を加えます。上記事例では、 の下に「医療法人社団Ｊ会（Ｕ病院）」を付け加えています。 を使わずに□の記号を使って表現する場合には、医療法人社団Ｊ会（Ｕ病院）のように記号の中に文字を入れることになります。

また、複数のアイコンを表示することになる場合には、中心的なヒトのアイコンを網掛けで囲んだり、色を変えたりして目立たせるとより分かりやすくなります。上記事例では請求人Ｊ会理事長を網掛けで囲んでいます。

（3）矢印

モノやカネの流れなどは、動きがあるものとして一端に矢印が付いた線でつなぎます。逆に出資関係や家族構成などのように一時点の状態を示すものは、動きのないものとして両端に矢印のない線でつなぎます。

なお、一端に矢印が付いた線の場合、この矢印は左から右に向かうものか、逆に右から左に向かうものか、矢印の方向には特に注意が必要です。例えば、カネの流れが、自社から見て外に向かう矢印（→）であれば、出金を意味することになりますが、これを誤って外から自社に向かう矢印（←）にしてしまうと入金を意味することになり、内容が全く違うものとなってしまいます。

また、契約締結のように互いで行うものは、両端に矢印が付いた線（↔）でつなぎます。

（4）線の種類

線は内容によって使い分けます。例えば、実線（—）は明らかな関係、点線（…）は不明な関係や予想される関係、そして強調したい関係の場合には太線（**—**）というように、関係性の違いを区別することができます。線の種類を実線、点線、太線のように使い分ける場合には、余白に線種の説明を入れると分かりやすくなります。

また、線が何を表しているのか、モノの動きなのか、カネの動きなのかを明確にするために、線の上または下に説明を付け加えます。説明のほかに、アイコンとして　や　などを使って、　をカネの動きとして付け加えたり、　をモノの動きに付け加えることで、より視覚的に分かりやすいものとなります。同じ種類の線が交差する箇所がある場合には、波形の線（⋀）を使って一方の線を跨ぐ形にしたり、交差する線の前後で一方の線を切って間を空ける（⟍⟋⟍）などして交差する線の動きが混在しないようにします。

なお、線に①や②のような番号を付けて、流れを時系列に分かりやすく表すこともあります。

3 フロー形式の図解例

上記の留意点を踏まえたフロー形式の図解の例を紹介します。

（1）商品販売と代金回収

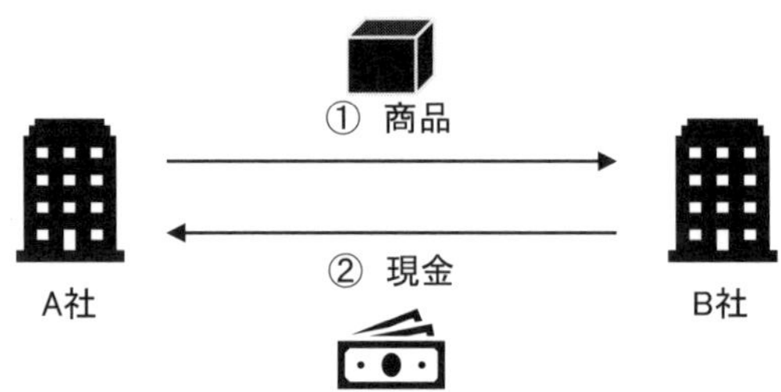

これは、A社はB社に商品を販売し、代金は現金で回収している場合の図解です。この事例では、A社とB社間のモノの流れとカネの流れを表すことになります。モノの流れはA社からB社に向かう矢印でつなぎ、逆にカネの流れはB社からA社に向かう矢印でつなぎます。線の意味を言葉とアイコンで付け加えています。各取引には番号を付けて時系列で表しています。

上記の図解では、モノの動きとカネの動きを同じ種類の矢印で表していますが、線の種類を変えて、例えばモノの動きを実線、カネの動きを点線にすることも考えられます。線の種類を変えた場合の図解は次のとおりです。線の種類とその内容は余白で説明しています。

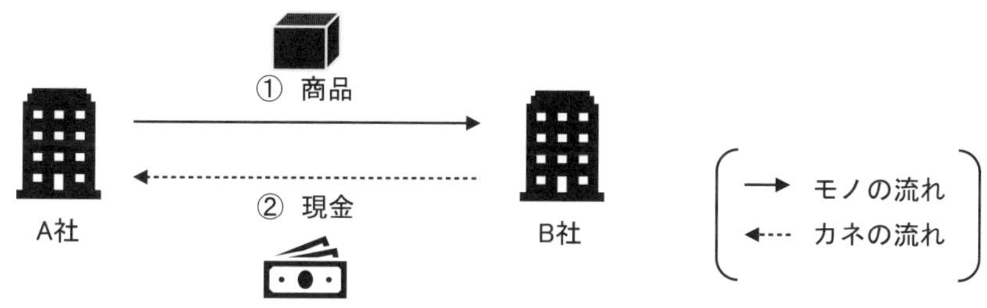

（2）業務委託契約と業務完了報告

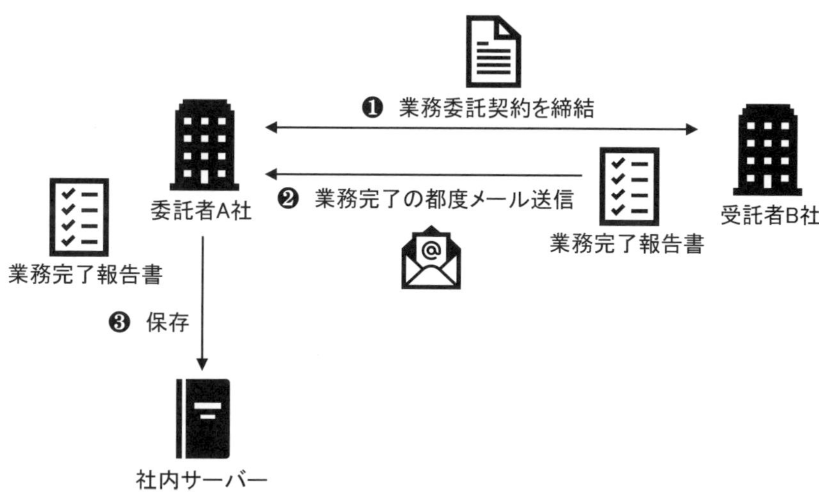

これは委託者Ａ社と受託者Ｂ社が業務委託契約を締結し、Ｂ社は業務完了の都度業務完了報告書を作成し、Ａ社にメールで送信している場合

の図解です。この事例では、A社とB社の間で業務委託契約を締結していますので、線は両端に矢印が付いた線でつなぎ、契約書をイメージしたアイコンを付け加えています。

また、業務完了報告書はA社にメールで送信しています。これは一方向のやり取りですので、B社からA社に向かう矢印でつなぎ、業務完了報告書をイメージしたアイコンを付け加えています。A社では、受信した業務完了報告書のデータを社内のサーバーで保存していますので、これをA社から社内のサーバーに向かう矢印でつないでいます。各取引には上記３（１）の図解と異なり❶のように白抜きの番号を付けて時系列で表しています。

仮にこの事例でB社が韓国に所在する法人であった場合には、点線の曲線などで国境を表し、国名は旗のイラストを使用したりします。この場合には次のような図解にすることができます。

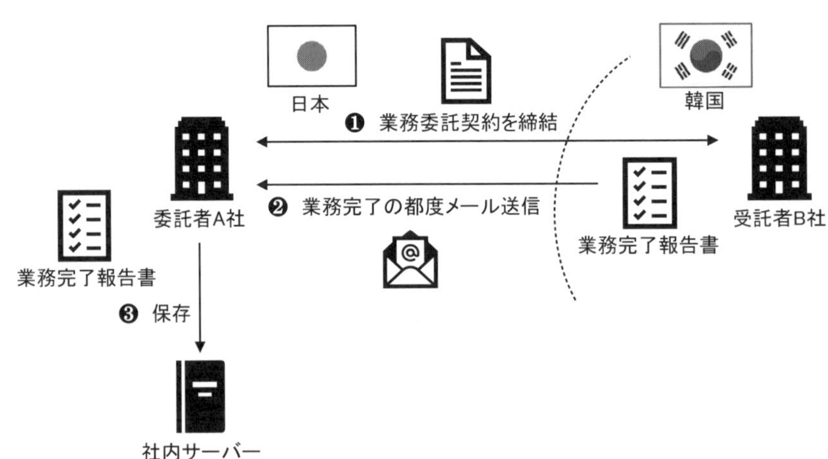

（3）株の保有状況

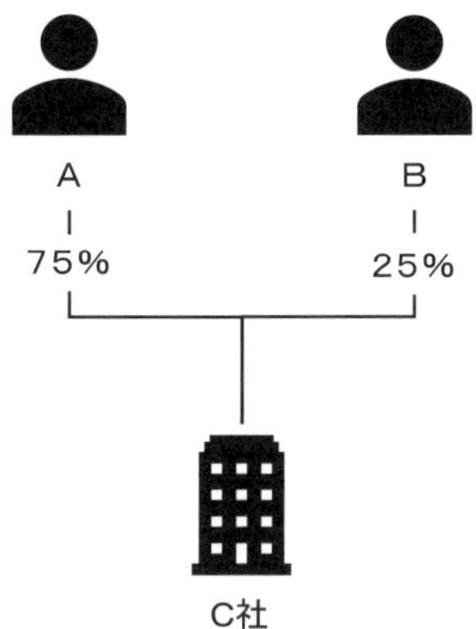

これはC社の株はAが75%保有し、Bが25%保有している場合の図解です。この事例では一時点におけるC社の株主の状況を表すために、株主を上に、出資先の法人を下に配置し、矢印のない線で関係を表しています。AとBの保有割合はそれぞれ線の上に付け加えています。

仮にこの事例でBに相続が発生して、Bの持ち分を相続人DとEが相続して株主となり、Dが15%、Eが10%保有することとなった場合には、次のような図解にすることができます。

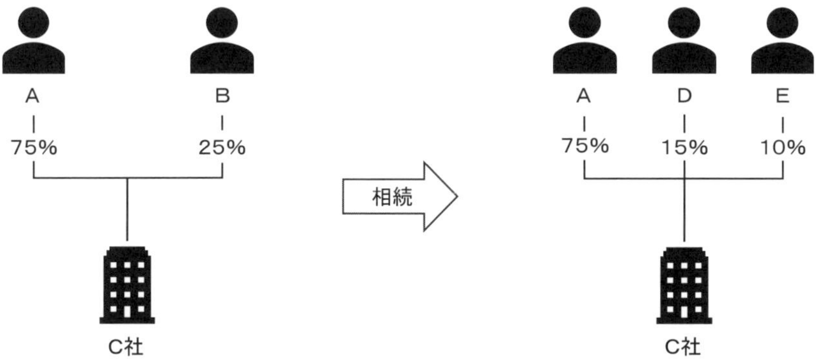

(4) 相続関係

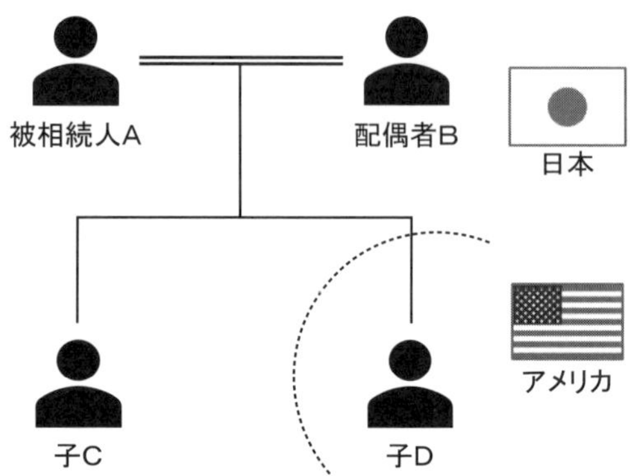

これは被相続人Aと配偶者Bの間には、Cとアメリカ合衆国居住Dの２名の子がいる場合の図解です。この事例では、親族関係を表すために矢印のない線を使います。親族関係を区分する方法として、夫婦関係を表現する場合には二重線を使い、親子関係は実線を使うことも考えられます。

また、Aには父Eと母Fがいて、これらを表す場合にはAのアイコンの上に父母を追加して、次のような図解にすることもできます。

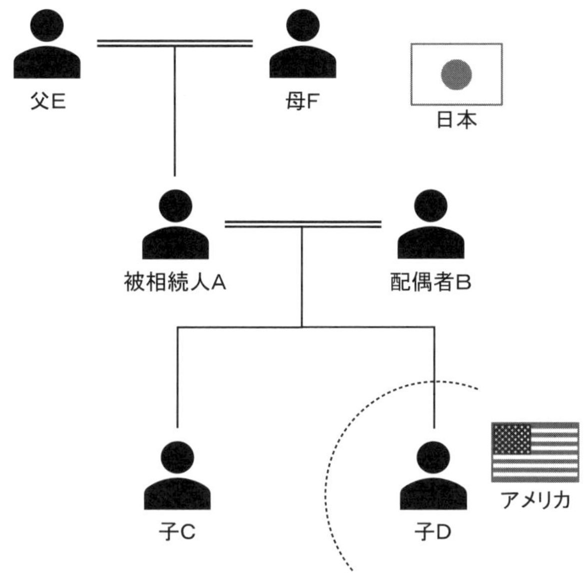

4 表形式の留意点

複数の情報を整理するために表形式のマトリックスを使うことがあります。例えば、調査において、税務調査官が経理担当者から得意先ごとの取引条件などの説明を受け、請求締め日、決済日、決済方法、取引頻度を箇条書きで次のようにメモしたとします。

得意先の取引条件

A社：月末締め、翌月末振込決済、毎月取引

B社：20日締め、翌々月10日振込決済、単発取引

C社：月末締め、翌月末振込決済、毎月取引

個人D：月末締め、翌月末現金決済、単発

この聴き取った情報を分かりやすく整理するために何が考えられるでしょうか。例えばマトリックスを使い、縦軸に得意先を、横軸に取引条件を記載することとした場合には次のような図解が考えられます。

条件等／得意先	請求締め日	決済日	決済方法	取引頻度
A社	月末	翌月末	振込	毎月
B社	20日	翌々月10日	振込	単発
C社	月末	翌月末	振込	毎月
個人D	月末	翌月末	現金	単発

このように整理することによって一覧性のある資料になり、情報の把握漏れの防止になります。説明した相手に提示することによって情報の確認にもなり、双方が共通の認識を持つことができます。

またポイントを発見しやすくなります。例えば決済方法に着目すると、多くが振込決済となっているところ、個人Dとの決済は現金決済と

なっており、イレギュラーなものとなっていますので、現金回収の事務処理は確認しておきたい点と言えます。

更に、新たに把握した方がよい情報の気付きにもつながります。例えば当社の誰が担当しているのか、得意先ごとの担当者を新たに追加することも考えられます。これを上記図解の右端の列に「当社担当者」欄として付け加えると次のようになります。

なお、縦横のタイトル行を網掛けにすることで、聴き取った情報とタイトル行の区分が明確となり見栄えも良くなります。

条件等／得意先	請求締め日	決済日	決済方法	取引頻度	当社担当者
A社	月末	翌月末	振込	毎月	甲
B社	20日	翌々月10日	振込	単発	甲
C社	月末	翌月末	振込	毎月	乙
個人D	月末	翌月末	現金	単発	社長

5　手書きの図解の留意点

整理された文章を図解することと、相手の説明を聴きながら図解することの違いを挙げるとすれば、後者の場合は、到達点やボリューム感がイメージしにくいことです。パソコンを使って図解する場合には、修正が容易であるため余り気にする必要はありませんが、相手の説明を聴きながらその場で図解する場合には、ある意味一発勝負であるため、話の展開次第で空きスペースがなくなって描けなくなります。これを避けるためにはある程度の余白を確保しておいた方がよいと思いますので、白紙の用紙のできるだけ中心から描き始め、文字サイズも余り大きくしない方が無難でしょう。

図解の数をこなしてくると、自分自身の頭の中に図解のパターンが集積されます。そうすると相手の説明を聴きながら「この話であれば、このパターンで図解できる」などと、話の内容によって最終的な図解のイメージができると思います。当然ながらそのような場合には、用紙の中心から描く必要はなくなり、必要に応じて用紙の左端から描き始めたり、上から描き始めたりします。

また、相手の説明を聴きながら図解する場合には、描くスピードが大切ですので、記載する文字や図形も簡略する必要があります。見栄えはさて置き、最低限意味が通じ、双方に共通の理解が得られればとりあえず OK ということです。

導入編 4

図解の手順

ある程度図解のパターンが理解できたら、実際に手を動かしてみることがスキルアップの早道です。図解に当たっては、筆者は概ね次の手順で進めています。ここから手順について具体的な事例を基に説明していきます。

題材にする事例は、国税庁が公表している文書回答事例（「2025年日本国際博覧会（大阪・関西万博）」に係る費用の税務上の取扱いについて」令和５年３月28日大阪国税局）です。

2025年日本国際博覧会（以下「博覧会」といいます。）は、「いのち輝く未来社会のデザイン」をテーマとして、2025年４月13日から10月13日までの184日間、大阪市で開催される予定です。公益社団法人2025年日本国際博覧会協会（以下「協会」といいます。）では、博覧会の成功に向けて、個人、企業又は団体等（以下「企業等」といいます。）に幅広く出展・出店してもらい、協賛してもらうことで協賛特典として、主に企業等名の広告宣伝を行うこととしています。そこで協会が、出展企業等が負担する費用の税務上の取扱いについて課税庁に照会したというものです。

この文書回答事例には会場への出展・出店のほか、バーチャル会場での展示等や協賛の形態、そしてそれらに応じた費用の税務上の取扱いも記載されていますが、ここでは出展等に関するもののみを取り上げます。具体的な出展等に関する取引内容については、文書回答事例に次のような事実関係が記載されています。

（事実関係）

1出展・出店	
(1) 概要	協会が提供する敷地又は施設等において、出展企業等が、自らの企画、運営によりパビリオン出展や営業店舗の出店等を行うもので、 ①施設の建設、内装・展示物等の製作や設置、②建設・製作後の運営、維持管理並びに③会期後の撤去、解体及び敷地等の原状回復等を行い、敷地利用料等を含む費用は全て当該出展企業等が負担します。
(2) 負担費用	
①建設費・展示費	建設費及び展示費（廃材等の処分見込価額を除きます。）は、その支出額を博覧会の開催期間（184日間）を基礎として期間配分します。 ただし、本博覧会終了後、出展企業等が引き続き事業の用に供することが明らかな資産については、減価償却を行います。
②運営費・事務局経費	運営費及び事務局経費は、支出の都度、損金の額又は必要経費に算入します。
③撤去費用	撤去費用（解体費や原状回復費を含みます。）は、撤去等の日の属する事業年度の損金の額又は年の必要経費に算入します。

④敷地利用料	敷地利用料等については、敷地引渡しのあった日以後に終了する事業年度又は年において、その引渡しのあった日以後、閉会日までの期間の経過に応じて損金の額又は必要経費に算入します。

1　テーマを明確にする

図解の第一歩は、これから図解しようとする文章や相手から聴く話のテーマは何なのか、明確にしておく必要があります。

この事例の場合には出展企業等が負担する費用の内容と、その費用の税務上の取扱いを図解することになります。

2　図解を選ぶ

テーマによって使用する図解のパターンが変わります。テーマに応じた図解を選択して、頭の中で図解をイメージします。

この事例の場合には２つのパターンが考えられます。１つは出展企業等が行う取引内容に関するものになります。出展企業等と協会との間でどのようなモノやカネの流れになっているのかを整理することになりますので、このような場合にはフローチャートが適当ではないかと考えられます。なお、フローチャートの場合、内容によって上から下に展開するものか、左から右に展開するものかなどを選ぶことになります。

もう１つは、費用の税務上の取扱いに関するものになります。費用ごとに単純な損金として処理してよいのか、それとも開催期間で期間配分して損金とすべきなのか、費用ごとに整理することになりますので、このような場合にはマトリックスが適当ではないかと考えられます。

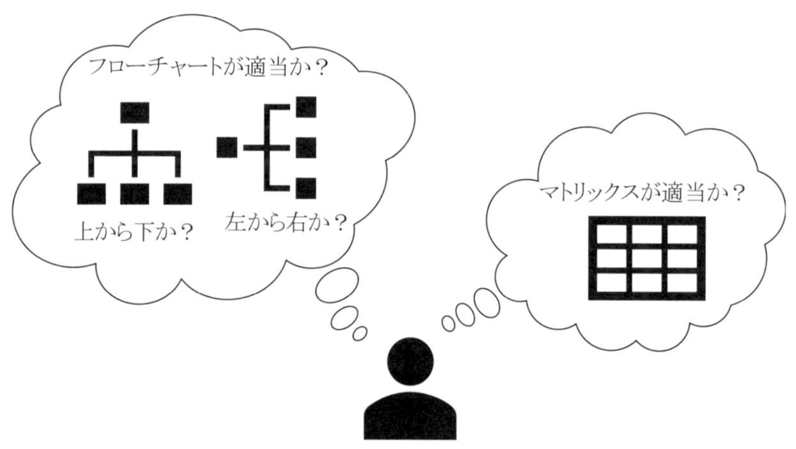

3 キーワードを拾い出す

図解で大切なことは、文章や会話の中でキーワードと関係性を意識することです。

ヒトは誰が登場するのか、モノには何があるのか、それらがどのような関係になっているのかを意識して文章を読んだり、相手の話を聴くことが大切です。そして不明瞭なものは質問し、不足しているものを追加して、キーワードを集めます。

文章であれば、アンダーラインや蛍光ペンを引くなどしてキーワードに目印を付けます。会話の場合には、聴きながら頭の中に留めるか、簡単にメモします。

キーワードを拾い出すポイントとしては、「トキ、ヒト、モノ、カネ、結果、書類、データ」を意識しながら文章を読むか、相手の話を聴きます。この「トキ、ヒト、モノ、カネ、結果」について別の言い方をすれば、「いつ、誰が、誰に、何を、いくらで、どうした」となります。

そこでキーワードを拾い出しやすくするために、事実関係をブロックごとに分けた上で、それぞれのブロックにどのようなキーワードがあるのか見ていきましょう。以下は、56ページに掲載した事実関係をブロックごとに四角で囲んでいます。

1 出展・出店	
(1) 概要 	協会が提供する敷地又は施設等において、出展企業等が、自らの企画、運営によりパビリオン出展や営業店舗の出店等を行うもので、
B	①施設の建設、内装・展示物等の製作や設置、②建設・製作後の運営、維持管理並びに③会期後の撤去、解体及び敷地等の原状回復等を行い、敷地利用料等を含む費用は全て当該出展企業等が負担します。
(2) 負担費用	
①建設費 C 示費	建設費及び展示費（廃材等の処分見込価額を除きます。）は、その支出額を博覧会の開催期間（184日間）を基礎として期間配分します。 ただし、本博覧会終了後、出展企業等が引き続き事業の用に供することが明らかな資産については、減価償却を行います。

②運営費 D 務局経費	運営費及び事務局経費は、支出の都度、損金の額又は必要経費に算入します。
③撤去費 E	撤去費用（解体費や原状回復費を含みます。）は、撤去等の日の属する事業年度の損金の額又は年の必要経費に算入します。
④敷地利 F	敷地利用料等については、敷地引渡しのあった日以後に終了する事業年度又は年において、その引渡しのあった日以後、閉会日までの期間の経過に応じて損金の額又は必要経費に算入します。

まず、Aブロックからは、「協会」が「敷地・施設」を「提供」していることが分かります。そして、「出展企業等」が、「パビリオン・店舗」を自ら「企画・運営」することが分かります。

Bブロックからは、「出展企業等」が行うものとして、具体的には、①「博覧会開催前」における「パビリオン・店舗」の「施設の建設、内装等の製作・設置」、②「博覧会開催中」の「施設の運営・維持管理」、③「博覧会終了後」における「施設の撤去・解体等」があることが分かります。そして、「敷地利用料等の費用」はすべて「出展企業等が負担」することが分かります。このようにAブロックとBブロックからは、出展企業等が負担する費用の内容が分かります。

次に、「出展企業等」が負担する費用の税務上の取扱いについては、まずCブロックからは、「建設費・展示費」の支出額は、「廃材処分見込価額を控除した後」、「博覧会の開催期間」を基礎として「期間配分で費用化」することが分かります。ただし、出展企業等が、「博覧会終了後も引き続き事業の用に供する資産」については、「減価償却で費用化」することが分かります。

Ｄブロックからは、「運営費・事務局経費」は、「支出の都度」、「損金・必要経費」とすることが分かります。

Ｅブロックからは、「撤去費用（解体費・原状回復費を含む）」は、「撤去等の日の属する事業年度・年」において、「損金・必要経費」とすることが分かります。

最後にＦブロックからは、「敷地利用料等」は、「敷地引渡しのあった日以後に終了する事業年度・年」において、その引渡しのあった日以後、閉会日までの期間に応じて、「期間配分で費用化」することが分かります。

4　キーワードを分類する

拾い出したキーワードはどのように整理すればよいでしょうか。図解に慣れるとキーワードから直接図解することも可能ですが、まずはキーワードをヒト、モノ、カネなどに分類してみましょう。

整理の方法としては、キーワードをランダムに紙に書き出す方法や付箋に書き出すことも考えられますが、次のように縦軸に一連番号とブロック名を、横軸にトキ、ヒト、モノなどを記載したマトリックスで整理すると見やすいものとなり、その後の図解の助けにもなります。このマトリックスを本書では「図解整理シート」と呼ぶことにします。

この事例の場合、事実関係から拾い出したキーワードを順番に図解整理シートに当てはめていくと、次のように分類することができます。この分類したキーワードが後でアイコンや矢印の参考となります。この事例では、フローチャートとマトリックスの２種類の図解を使うことになりますので、便宜上２つの図解整理シートで分類します。

なお、書類やデータに関する情報など事実関係では明らかにされていない情報はブランクとしていますが、実際の場面ではこのようなブランクになっている情報は把握しておく必要がある情報と言えます。

（1）フローチャート

まずAブロックとBブロックからは、出展企業等が負担する費用の内容が分かりますので、キーワードを整理すると次のようになります。

番号	ブロック	トキ	ヒト		モノ	カネ	結果	書類	データ
		（いつ）	（誰が）	（誰の・から・に）	（何を）	（いくらで）	（どうした）		
1	A		協会		敷地・施設		提供		
2	A		出展企業等		パビリオン・店舗		企画・運営		
3	B	博覧会開催前	出展企業等		パビリオン・店舗		施設の建設、内装等の製作・設置		
4	B	博覧会開催中	出展企業等		パビリオン・店舗		施設の運営・維持管理		
5	B	博覧会終了後	出展企業等		パビリオン・店舗		施設の撤去・解体等		
6	B		出展企業等			敷地利用料等の費用	出展企業等が負担		

（2）マトリックス

次にCブロック以降では、出展企業等が負担する費用の税務上の取扱いが分かりますので、キーワードを整理すると次のようになります。

番号	ブロック	トキ	ヒト		モノ	カネ	結果	書類	データ
		（いつ）	（誰が）	（誰の・から・に）	（何を）	（いくらで）	（どうした）		
1	C	博覧会の開催期間	出展企業等			建設費・展示費（廃材処分見込額を控除後）	期間配分で費用化		
2	C		出展企業等		博覧会終了後も引き続き事業の用に供する資産		減価償却で費用化		
3	D	支出の都度	出展企業等			運営費・事務局経費	損金・必要経費		
4	E	撤去等の日の属する事業年度・年	出展企業等			撤去費用（解体費・原状回復費を含む）	損金・必要経費		
5	F	敷地引渡しの日以後に終了する事業年度・年	出展企業等			敷地利用料等	期間配分で費用化		

5　キーワードを関連付ける

上記４（１）のフローチャート用の図解整理シートには出展企業等が負担する費用の内容が、４（２）のマトリックス用の図解整理シートには費用の税務上の取扱いが記載されています。では、分類したキーワードがフローチャートとマトリックスでどのように関連付けられるのか順に見ていきましょう。

（1）フローチャート

フローチャート用の図解整理シートの１番を見ると、協会は博覧会の敷地や施設を提供するとされています。協会と博覧会の施設等の関係は、協会から施設等に向かう矢印でつなぐことになりますので、これを配置すると次のステップ①の図解が一例として考えられます。

この事例では左側に協会を配置し、その右側に施設等を配置して、左から右に展開するフローチャートにすることもできますが、２番以降に記載の出展企業等に関する情報をこの後に表す必要がありますので、左側を空けるために上から下に展開するフローチャートにしています。

ステップ①

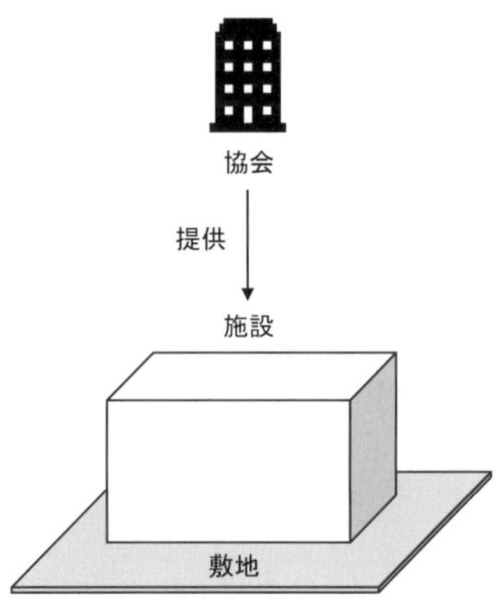

次に２番から５番を見ると、会場に設置するパビリオンや店舗は、出展企業等が自ら企画・運営することとして、施設の建設、維持管理のほか、撤去解体の作業を行うこととされています。出展企業等と施設との関係は、出展企業等から施設に向かう矢印でつなぐことになりますので、このような関連付けを上記ステップ①の図解に加えると次のステップ②のようになります。パビリオンと店舗のアイコンは施設内に加えました。

ステップ②

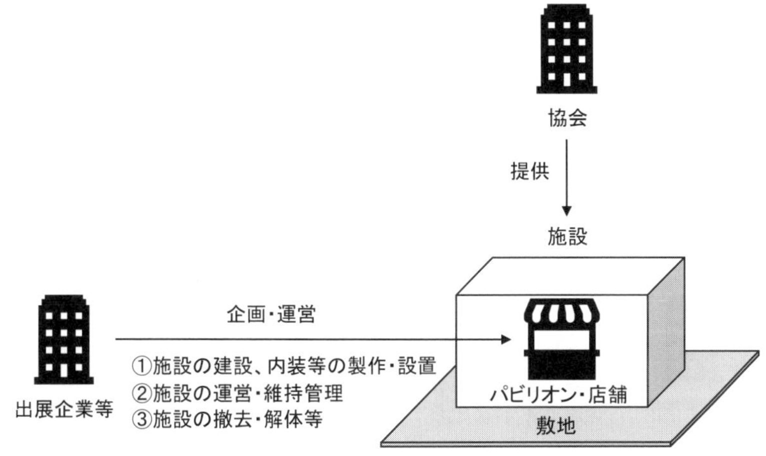

次に6番を見ると、敷地利用料等の費用は、すべて出展企業等が負担することとされています。敷地利用料以外の建設費用等については、協会ではなく直接建設業者等に支払うことが考えられますが事実関係からは明らかではありません。そこで敷地利用料等の費用の支払先について便宜上協会に支払うとした場合、出展企業等と協会の関係は、出展企業等から協会に向かう矢印でつなぐことになりますので、このような関連付けを上記ステップ②の図解に加えると次のステップ③のようになります。

ステップ③

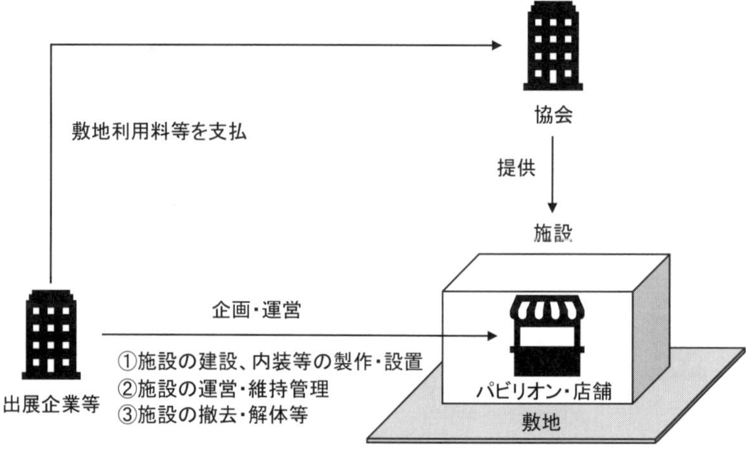

（2）マトリックス

マトリックス用の図解整理シートを見ると、出展企業等が負担する建設費など費用の税務上の取扱いが分かります。そこで費用ごとの税務上の取扱いをマトリックスで表すとすると、縦軸に費用の内容を、横軸に費用の計上時期と費用の計上方法を配置します。これを図解すると次のステップ④の図解が一例として考えられます。縦横のタイトル行には網掛けを付けています。

ステップ④

費用の内容	費用の計上時期	費用の計上方法
建設費・展示費（廃材処分見込額を控除後）	博覧会の開催期間	期間配分で費用化
博覧会終了後も引き続き事業の用に供する資産		減価償却で費用化
運営費・事務局経費	支出の都度	損金・必要経費
撤去費用（解体費・原状回復費を含む）	撤去等の日の属する事業年度・年	損金・必要経費
敷地利用料等	敷地引渡しの日以後に終了する事業年度・年	期間配分で費用化

6　補足説明を加える

キーワードの関連付けを終えると、関連性を分かりやすくするために補足説明を加えます。ただし、補足説明を加え過ぎるとかえって分かりにくい図解となってしまいますので注意が必要です。

この事例では、出展企業等が負担する費用の税務上の取扱いがテーマの１つとなっていますので、この費用の内容をフローチャートに加えることが考えられます。そこで上記ステップ③の図解に補足説明として追加すると次のステップ⑤のようになります。

なお、費用の税務上の取扱いは別途マトリックスで整理していますので、ここでは費用の内容を簡単に記載しておきます。

ステップ⑤

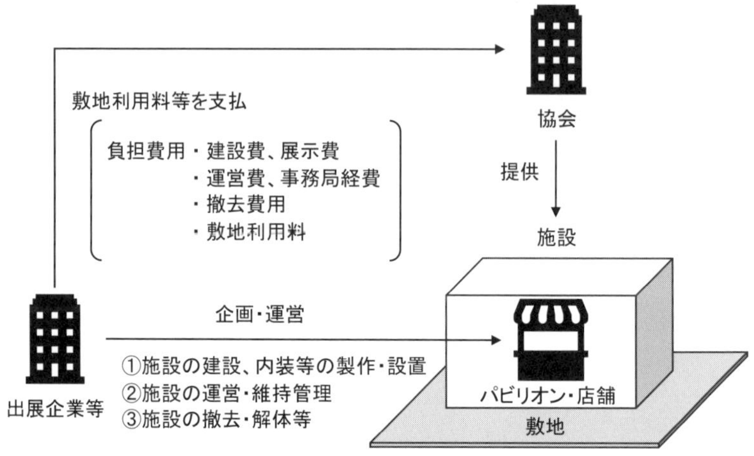

7 タイトルと情報源を表示する

（1）フローチャート

上記ステップ⑤の図解は、博覧会における出展企業等が負担する費用を表したものですので、タイトルは「2025年日本国際博覧会における出展企業等の費用について」とします。

また、左下の余白に情報源を記載します。この図解では「『2025年日本国際博覧会（大阪・関西万博）』に係る費用の税務上の取扱いについて（令和５年３月28日大阪国税局文書回答事例）を基に作成」とします。

これらをステップ⑤の図解に表示することで完成した図解は次のステップ⑥のとおりです。

ステップ⑥

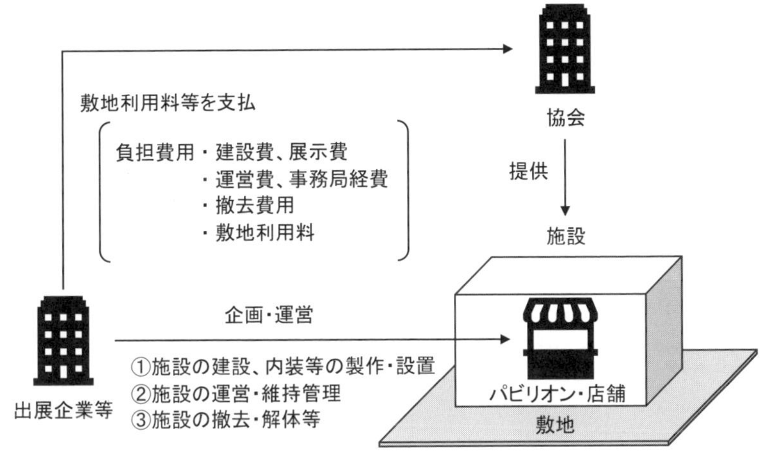

(注)「2025年日本国際博覧会(大阪・関西万博)」に係る費用の税務上の取扱いについて
(令和5年3月28日大阪国税局文書回答事例)を基に作成

(2) マトリックス

上記ステップ④の図解は、出展企業等が負担する費用の税務上の取扱いを表したものですので、タイトルは「出展企業等が負担する費用の税務上の取扱い」とします。

また、左下の余白にはフローチャートと同様に情報源として「『2025年日本国際博覧会（大阪・関西万博)』に係る費用の税務上の取扱いについて（令和５年３月28日大阪国税局文書回答事例）を基に作成」とします。

これらをステップ④の図解に表示することで完成した図解は次のステップ⑦のとおりです。

ステップ⑦

出展企業等が負担する費用の税務上の取扱い

費用の内容	費用の計上時期	費用の計上方法
建設費・展示費（廃材処分見込額を控除後）	博覧会の開催期間	期間配分で費用化
博覧会終了後も引き続き事業の用に供する資産		減価償却で費用化
運営費・事務局経費	支出の都度	損金・必要経費
撤去費用（解体費・原状回復費を含む）	撤去等の日の属する事業年度・年	損金・必要経費
敷地利用料等	敷地引渡しの日以後に終了する事業年度・年	期間配分で費用化

（注）「2025年日本国際博覧会（大阪・関西万博）」に係る費用の税務上の取扱いについて（令和5年3月28日大阪国税局文書回答事例）を基に作成

8　まとめ

これまで説明してきました図解の手順は、「1．テーマを明確にする」、「2.図解を選ぶ」、「3．キーワードを拾い出す」、「4．キーワードを分類する」、「5．キーワードを関連付ける」、「6．補足説明を加える」、「7．タイトルと情報源を表示する」、そして「8．図解が完成」となりますが、このような手順を図解にしてみると次のようなサイクルで表すことができます。

なお、手順にそって図解してみたものの出来が十分でないと感じた場合には、必要に応じて「3．キーワードを拾い出す」、「4．キーワードを分類する」、「5．キーワードを関連付ける」の作業を見直してブラッシュアップしていくことになります。このような手順を経て分かりやすい図解が完成し、図解を通して税務上の問題点や課題を浮き彫りにすることが可能となります。

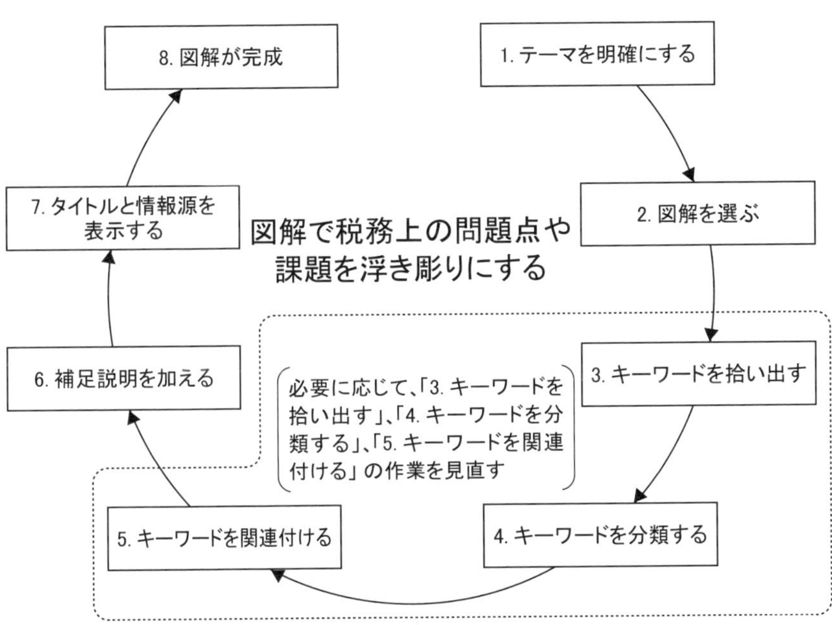
図解の手順（イメージ）
8. 図解が完成
1. テーマを明確にする
7. タイトルと情報源を表示する
図解で税務上の問題点や課題を浮き彫りにする
2. 図解を選ぶ
6. 補足説明を加える
必要に応じて、「3. キーワードを拾い出す」、「4. キーワードを分類する」、「5. キーワードを関連付ける」の作業を見直す
3. キーワードを拾い出す
5. キーワードを関連付ける
4. キーワードを分類する

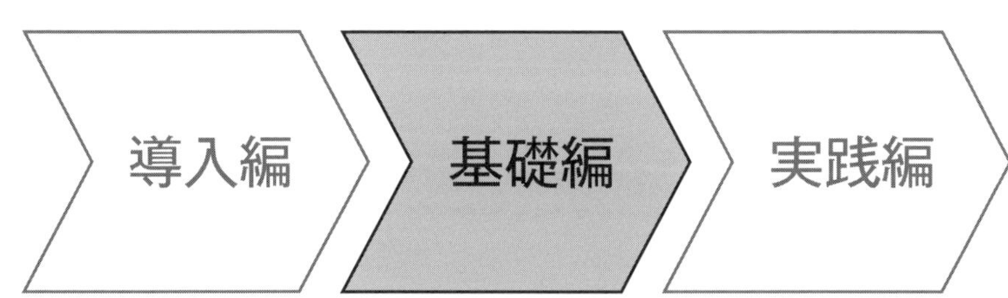
導入編
基礎編
実践編

導入編では、図解の意義や手順などこれから図解するに当たり必要な基本的知識を紹介しました。

ここからは実際の事例を基に皆様に図解をして頂きます。各演習では、図解の作成手順とともに、解答例や図解することによって浮き彫りとなった疑問点なども紹介しています。

基礎編では、インフルエンサーの申告漏れに関する新聞記事などを題材とした３問、そして自社の会社組織を説明した会話などを題材とした２問、合計５問を取り上げました。この基礎編で使用する図解は、次のようにフローチャートのほか、タイムフロー、YES/NO チャート、関係図、新旧対照表です。

では早速やってみましょう。

演習	題材	フローチャート	タイムフロー	YES/NO チャート	関係図	新旧対照表
1	新聞	○				
2				○		○
3		○	○			
4	会話				○	
5		○				

基礎演習 1

インフルエンサーの申告漏れ

使用する図解	フローチャート

基礎演習１の題材は、日本経済新聞朝刊東京本社版2023年３月９日39面に掲載されたインフルエンサーの申告漏れに関する記事です。

いわゆるインフルエンサーと呼ばれている人は多くのフォロワーを持っており、自身の投稿がこのフォロワーに影響を与えるとされています。ここで登場するインフルエンサーは、代理店からの依頼で商品を使用している写真をインターネットやSNSに投稿することで、代理店から報酬を得ています。そしてこのインフルエンサーの女性９人が東京国税局の調査を受け、代理店から得た報酬について申告漏れの指摘を受けたというものです。記事はとてもシンプルで、登場する関係者も少ないため比較的図解しやすいと思います。

ではヒト、モノ、カネなどの流れに注意して読んでみましょう。

3億円申告漏れ
東京国税が指摘
インフルエンサー9人

インターネットやSNS（交流サイト）上で影響力を持つ「インフルエンサー」の女性9人が東京国税局の税務調査を受け、2021年までの6年間で計約3億円の申告漏れを指摘されていたことが8日、関係者への取材で分かった。商品紹介の投稿などで報酬を得ていたが、一部を申告していなかったとみられる。

関係者によると、9人は首都圏に住む女性で、インスタグラムや動画投稿サイトのユーチューブなどで数千～数十万人のフォロワーがいるという。登録している代理店から商品やサービスの宣伝業務を受託し、化粧品や美顔器などを使用している写真などをSNSに投稿していたとされる。

東京国税局が21年以降に税務調査を実施。報酬の一部を申告していなかったり、確定申告をしていなかった年があったりしたという。9人は加算税を含めて所得税など百数十万円～約3千万円を追徴課税され、追徴税額は9人で計約8500万円に上るとみられる。

会社員らが本業以外で年間20万円を超える所得を得た場合、確定申告が必要で、国税当局は注意を呼びかけている。

3億円申告漏れ東京国税が指摘
（日本経済新聞朝刊東京本社版2023年3月9日39面）

解説

1 図解のテーマ

この事例ではインフルエンサーが関係する取引と、そのインフルエンサーが東京国税局から申告漏れを指摘されたことを図解します。

2 図解の種類

この事例はインフルエンサーが関係する取引で、どのようなヒトが登場し、モノやカネはどのような流れになっているのかを整理することになります。このような事例の場合には、フローチャートが適当ではないかと考えられます。

3　キーワードを拾い出す

キーワードを拾い出しやすくするために、新聞記事をブロックごとに分けた上で、それぞれのブロックにどのようなキーワードがあるのか見ていきます。

3億円申告漏れ
東京国税が指摘
インフルエンサー9人

インターネットやSNS（交流サイト）上で影響力を持つ「インフルエンサー」の女性9人が東京国税局の税務調査を受け、2021年までの6年間で計約3億円の申告漏れを指摘されていたことが8日、関係者への取材で分かった。商品紹介の投稿などで報酬を得ていたが、一部を申告していなかったとみられる。

関係者によると、9人は首都圏に住む女性で、インスタグラムや動画投稿サイトのユーチューブなどで数千～数十万人のフォロワーがいるという。登録している代理店から商品やサービスの宣伝業務を受託し、化粧品や美顔器などを使用している写真などをSNSに投稿していたとされる。

東京国税局が21年以降に税務調査を実施。報酬の一部を申告していなかったり、確定申告をしていなかった年があったりしたという。9人は加算税を含めて所得税など百数十万円～約3千万円を追徴課税され、追徴税額は9人で計約8500万円に上るとみられる。

会社員らが本業以外で年間20万円を超える所得を得た場合、確定申告が必要で、国税当局は注意を呼びかけている。

まず、Ａブロックからは、「インフルエンサー」は、「インターネット・SNS」を通じて「影響」を与えていること、そしてこの「インフルエンサー女性９人」が「東京国税局」の調査を受けて、「2021年までの６年間」で「約３億円」の「申告漏れを指摘」されたということが分かります。なお、「インターネット・SNS」については、ここではヒトとして扱うことにしています。

次にＢブロックからは、「インフルエンサー女性９人」は、商品紹介の投稿などで「報酬」を得ていたところ、その「一部を申告せず」にいたことが分かります。

Ｃブロックからは、この「インフルエンサー女性９人」には、「フォロワー」が「数千～数十万人」いることが分かります。

Ｄブロックからは、この「インフルエンサー女性９人」は、「代理店」に「登録」しており、その「代理店」から商品やサービスの「宣伝業務」を「受託」していること、そして「化粧品や美顔器等の写真」を「SNSに投稿」していることが分かります。

最後にＥブロックからは、「代理店」からの「報酬」については、確定申告をしていなかったとされており、「無申告の年分もある」ことが分かります。

4　キーワードの分類

新聞記事からブロックごとに拾い出したキーワードを図解整理シートに当てはめてみると、次のように整理することができます。なお、記事で明らかになっていない情報はブランクとしています。

番号	ブロック	トキ	ヒト		モノ	カネ	結果	書類	データ
		（いつ）	（誰が）	（誰の・から・に）	（何を）	（いくらで）	（どうした）		
1	A		インフルエンサー	インターネット・SNS			影響		
2	A	2021年までの6年間	東京国税局	インフルエンサー女性9人		約3億円	申告漏れを指摘		
3	B		インフルエンサー女性9人		報酬		一部を申告せず		
4	C		インフルエンサー女性9人	フォロワー			数千～数十万人		
5	D		インフルエンサー女性9人	代理店			登録		
6	D		インフルエンサー女性9人	代理店	宣伝業務		受託		
7	D		インフルエンサー女性9人		化粧品や美顔器等の写真		SNSに投稿		
8	E		インフルエンサー女性9人	代理店	報酬		無申告の年分もある		

5 キーワードの関連付け

図解整理シートを見ると、ヒトについては、インフルエンサー、インターネット・SNS、フォロワー、東京国税局、代理店が登場します。このような情報を基に、左から右に展開するレイアウトにするとした場合には、中心的なヒトのインフルエンサーをセンターに配置します。

そしてフォロワーについては、１番と４番を見るとインフルエンサーが数千～数十万人のフォロワーに影響を与えることが分かります。インフルエンサーとフォロワーの関係は、インフルエンサーからフォロワーに向かう矢印でつなぐことになりますので、フォロワーをインフルエンサーの右側に配置します。そして７番を見るとインフルエンサーが投稿するのはSNSとあり、そのSNSがフォロワーに影響を与えていますので、左からインフルエンサー、インターネット・SNS、フォロワーの順に配置します。

東京国税局との関係は、インフルエンサーが関係する取引とは直接の関係にはありませんので、インフルエンサーとフォロワーを結ぶ直線上に配置するのは適当ではありません。ここでは、インフルエンサーが税務申告をする先として、インフルエンサーの下に配置します。

インフルエンサーと代理店との関係は、６番を見ると代理店から宣伝業務を受託しているとありますので、代理店はインフルエンサーの左側に配置します。複数のアイコンを表示することになる場合には、中心的なヒトのアイコンを網掛けで囲むなどして目立たせます。ここではインフルエンサーを網掛けで囲みます。このようにして配置すると次のステップ①の図解が一例として考えられます。

ステップ①

次に、インフルエンサーとフォロワーの関係については、１番を見ると、インフルエンサーがフォロワーに影響を与えるとあります。更に7番を見ると、インフルエンサーが化粧品や美顔器等の写真をSNSに投稿しているとあります。インフルエンサーとSNS等との関係は、インフルエンサーからSNS等に向かう矢印でつなぎ、SNS等とフォロワーの関係はSNS等からフォロワーに向かう矢印でつなぎます。この関連付けを上記ステップ①の図解に追加すると次のステップ②のようになります。

ステップ②

次に、インフルエンサーと代理店の関係については、５番と６番を見るとインフルエンサーが代理店に登録しているとありますので、インフルエンサーと代理店は、インフルエンサーから代理店に向かう矢印でつなぎます。

また、インフルエンサーは代理店から商品やサービスの宣伝業務を受託し、その宣伝業務の対価として代理店から報酬を得ているとありますので、これらの関係は代理店からインフルエンサーに向かう矢印でつなぎます。この関連付けを上記ステップ②の図解に追加すると次のステップ③のようになります。

ステップ③

最後にインフルエンサーと東京国税局の関係については、まず３番を見るとインフルエンサーが報酬の一部を申告していなかったこと、そして８番では無申告の年もあったとされていますので、これらはインフルエンサーから東京国税局に向かう矢印でつなぎます。

また、２番を見ると調査によって６年間で約３億円の申告漏れを指摘されたとありますので、この関係は東京国税局からインフルエンサーに向かう矢印でつなぎます。この関連付けを上記ステップ③の図解に追加すると次のステップ④のようになります。

ステップ④

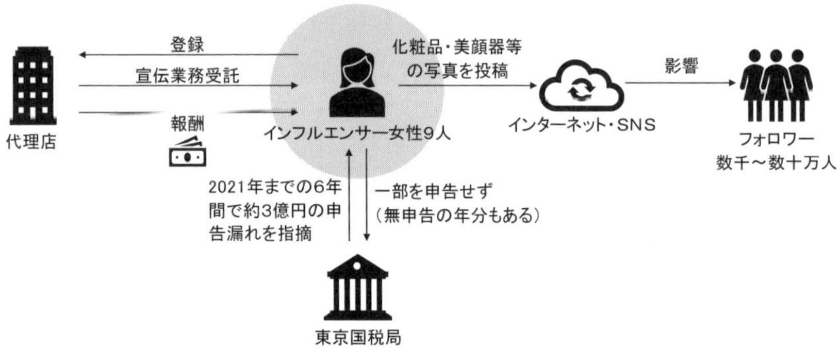

6 タイトルと情報源の表示

上記ステップ④の図解はインフルエンサーが関係する取引と、そのインフルエンサーが東京国税局から申告漏れを指摘されたことを表したものですので、タイトルは「インフルエンサーを巡る取引と申告漏れの構図」とし、左下の余白に情報源として「日本経済新聞朝刊東京本社版2023年３月９日39面を基に作成」とします。これらをステップ④の図解に表示することで完成した図解は次のステップ⑤のとおりです。

ステップ⑤

インフルエンサーを巡る取引と申告漏れの構図

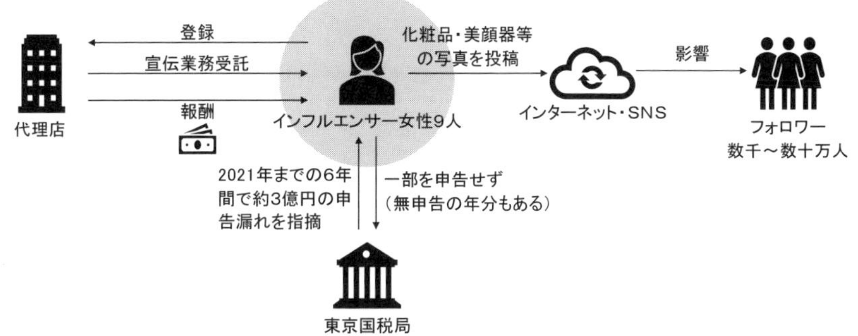

（注）日本経済新聞朝刊東京本社版2023年３月９日39面を基に作成

7　図解からの気付き

上記ステップ⑤の図解のようにフローチャートにしてみると、代理店から依頼を受けてSNS等に写真を投稿し、代理店から報酬を得るというインフルエンサーの取引の様子が分かりやすくなりました。

では、この図解からはどのような点が気になるのか見てみると、まず代理店はどこから収入を得ているのかが分かりません。一般的には商品のメーカーが広告宣伝業務を代理店に委託し、その受託業務で代理店はメーカーから収入を得ていると考えられます。このような場合のカネの流れに着目すると、メーカーは代理店に広告料を支払い、代理店はインフルエンサーに報酬を支払うという流れになるでしょう。そしてSNS等で影響を受けたフォロワーがメーカーから商品を購入し、そのメーカーに商品代金を支払うというカネの流れも考えられます。

また、課税処分の対象期間が６年間となっていますが、これは申告漏れに何らかの不正行為（偽りその他不正の行為）と認定されたものがあったと考えられます。ちなみに、不正行為がない場合には、最長５年間の課税処分となりますが、不正行為がある場合は最長７年間の課税処分ができるとされています。

更に、企業が居住者に支払う原稿料など一定の報酬・料金については、その支払いの際に、支払者が所得税を源泉徴収することとされています。そこで代理店からインフルエンサーに支払われる報酬が源泉徴収対象の報酬に該当するのか否か、代理店においてはインフルエンサーに委託した業務内容と報酬の関係は確認しておく必要がある点と言えます。このような疑問点を、白抜き文字の吹き出しの形で上記ステップ⑤の図解に追加すると次のステップ⑥のようになります。

ステップ⑥

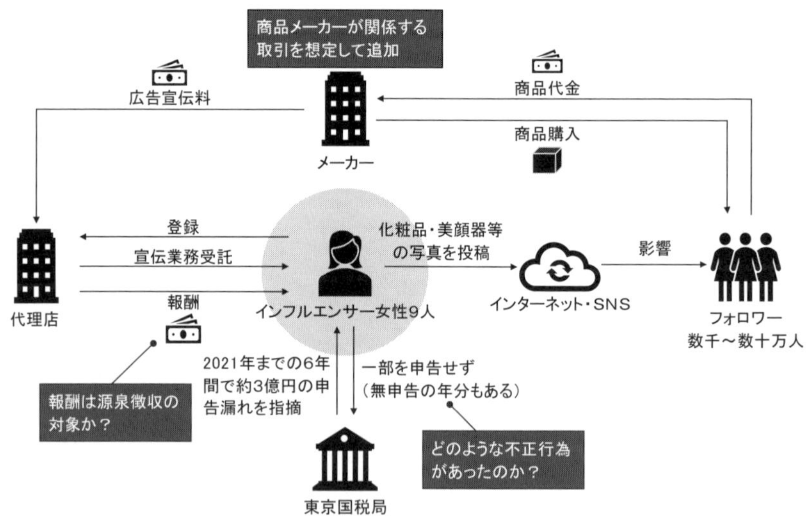

※拡大版は86～87ページに掲載

インフルエンサーを巡る取引と申告漏れの構図

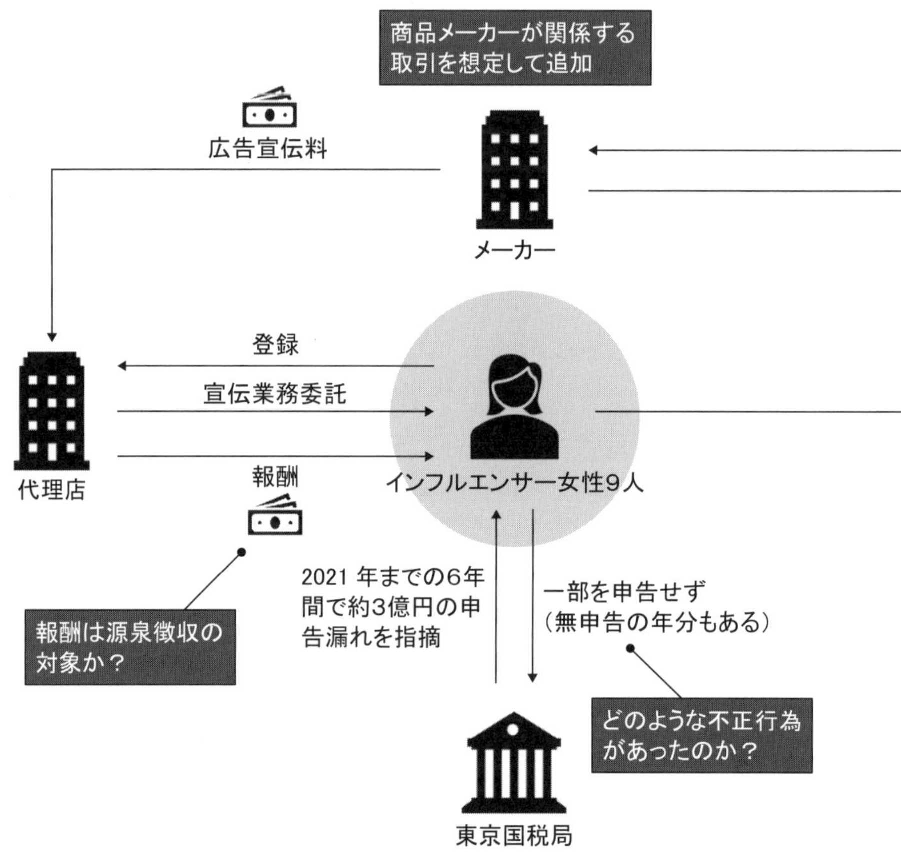

(注)日本経済新聞朝刊東京本社版 2023 年3月9日 39 面を基に作成

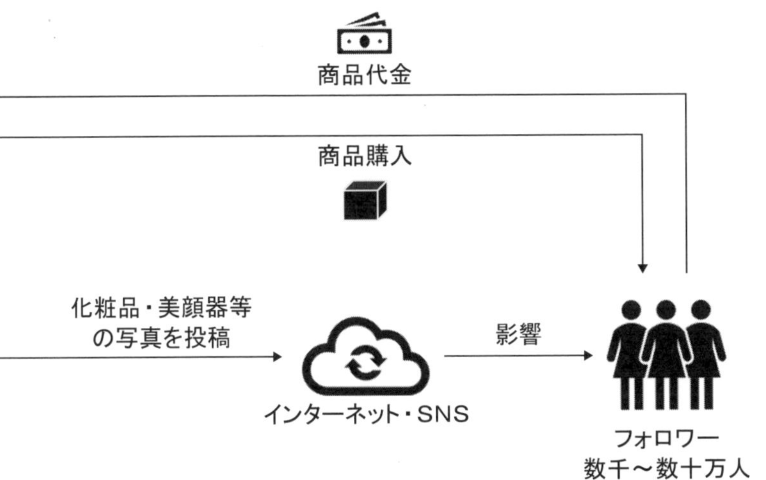
商品代金
商品購入
化粧品・美顔器等
の写真を投稿
影響
インターネット・SNS
フォロワー
数千～数十万人

基礎演習 2

東京女子医大の申告漏れ

使用する図解	YES/NOチャート、新旧対照表

基礎演習２の題材は、日本経済新聞夕刊東京本社版2023年３月31日11面に掲載された東京女子医大の申告漏れに関する記事です。

東京女子医大が東京国税局の調査を受け、非課税としていた受託研究費について、非課税の要件を満たさず課税対象に該当するとして申告漏れを指摘されたというものです。この新聞記事は受託研究費の非課税要件に注意して読んでみましょう。

東京女子医大、申告漏れ

国税指摘「受託研究費」2.5億円

東京女子医大（東京・新宿）が、非課税となる「受託研究費」として税務申告していなかった資金について、東京国税局が昨年3月までの5年間で約2億5千万円の申告漏れを指摘していたことが31日までに、関係者への取材で分かった。過少申告加算税を含めて約5500万円を追徴課税。研究結果が公表されていないなど非課税の要件を満たさず課税対象に当たると判断したもようだ。

今回問題視されたのは、薬の臨床試験のために複数の製薬会社から提供された「受託研究費」。私立大では、研究結果を公表するか、結果の一部または全てが大学に帰属する場合にのみ非課税となっているが、東京国税局は、これらの要件を満たしておらず、資金は業務の請負収入に当たると判断したとみられる。

受託研究費を巡っては国立大では非課税。全国の私立大でつくる団体は公平な競争環境を整備し産学連携の推進を図るため同様に非課税とすることを要望し、2017年度に大幅に要件が緩和されていた。

東京女子医大の代理人弁護士は取材に「指摘に基づき修正申告を行い、追加の納税を完了している。当局と見解の相違もあったが、真摯に受け止め再発防止に努めたい」とコメントしている。

東京女子医大、申告漏れ
（日本経済新聞夕刊東京本社版2023年3月31日11面）

解 説

1 図解のテーマ

この事例では、東京女子医大の受託研究費が非課税要件に該当するのか否かを判断することと、非課税要件の税制改正の状況について図解します。なお、ここでは申告漏れに関する部分は省略します。

2 図解の種類

この事例は、まず受託研究費が非課税要件に該当するのか否かの判断を図解することになりますので、YES/NO チャートが適当ではないかと考えられます。また、非課税要件の税制改正の状況については、新旧対照表が適当ではないかと考えられます。

3 キーワードを拾い出す

キーワードを拾い出しやすくするために、新聞記事をブロックごとに分けた上で、それぞれのブロックにどのようなキーワードがあるのか見ていきます。

東京女子医大、申告漏れ

国税指摘「受託研究費」2.5億円

Ⓐ

東京女子医大（東京・新宿）が、非課税となる「受託研究費」として税務申告していなかった資金について、東京国税局が昨年3月までの5年間で約2億5千万円の申告漏れを指摘していたことが31日までに、関係者への取材で分かった。過少申告加算税を含めて約5500万円を追徴課税。研究結果が公表されていないなど非課税の要件を満たさず課税対象に当たると判断したもようだ。

今回問題視されたのは、薬の臨床試験のために複数の製薬会社から提供された「受託研究費」。

Ⓑ

私立大では、研究結果を公表するか、結果の一部または全てが大学に帰属する場合にのみ非課税となっているが、東京国税局は、これらの要件を満たしておらず、資金は業務の請負収入に当たると判断したとみられる。

Ⓒ

受託研究費を巡っては国立大では非課税。全国の私立大でつくる団体は公平な競争環境を整備し産学連携の推進を図るため同様に非課税とすることを要望し、２０１７年度に大幅に要件が緩和されていた。

東京女子医大の代理人弁護士は取材に「指摘に基づき修正申告を行い、追加の納税を完了している。当局と見解の相違もあったが、真摯に受け止め再発防止に努めたい」とコメントしている。

まず、Ａブロックからは、「東京女子医大」が「複数の製薬会社」から薬の臨床試験のために「受託研究費」の「提供」を受けたということが分かります。

次にＢブロックからは、「私立大学」では「研究結果が公表されている」か、「研究結果の一部又は全部が大学に帰属する」場合に、「受託研究費」が「非課税」になるということが分かります。

そして、東京国税局は「東京女子医大」がこの「非課税要件を満たしていないため」に、「請負収入として課税」になると判断したことが分かります。なお、税目について記述はありませんが、要件を満たした場合は法人税が非課税になると考えられます。

Ｃブロックからは、「非課税要件」は「2017年度」に「税制改正で要件緩和」があったことが分かります。

4 キーワードの分類

新聞記事からブロックごとに拾い出したキーワードを、図解整理シートに当てはめてみると次のように整理することができます。なお、記事で明らかになっていない情報はブランクとしています。

一連番号	ブロック	トキ	ヒト		モノ	カネ	結果	書類	データ
		（いつ）	（誰が）	（誰の・から・に）	（何を）	（いくらで）	（どうした）		
1	A		東京女子医大	複数の製薬会社		受託研究費	提供		
2	B		私立大学			受託研究費	研究結果が公表されていると非課税		
3	B		私立大学			受託研究費	研究結果の一部又は全部が大学に帰属すると非課税		
4	B		東京女子医大			受託研究費	非課税要件を満たしていないため請負収入として課税		
5	C	2017年度			非課税要件		税制改正で要件緩和		

5 キーワードの関連付け

（1）YES/NO チャート

まず、非課税要件の判断のプロセスを、YES/NO チャートで表します。図解整理シートの１番と２番を見ると、東京女子医大をはじめとした私立大学の受託研究費が判断の対象となりますので、これをスタートとするために左上に配置します。

そして１つ目の要件として２番を見ると、研究結果を公表しているのか否かが要件とされています。これがYESの場合には非課税となりますが、NOの場合には次の要件に移ります。このような場合には、１つ目の判断はスタートの下に配置し、YESの場合の非課税という結果はその右側に配置します。このように配置していくと次のステップ①の図解が一例として考えられます。

ステップ①

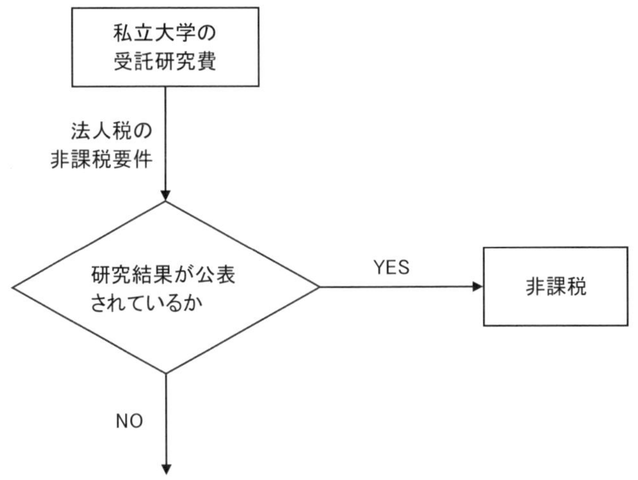

次に、１つ目の要件がNOの場合は、２つ目の要件について判断することになります。３番と４番を見ると研究結果の一部又は全部が大学に帰属するのか否かが要件とされています。これがYESの場合には非課税という結果になりますが、NOの場合には請負収入に該当し、課税という結果になるとされています。このような場合には、２つ目の要件は１つ目の要件の下に配置し、YESの場合の非課税はその右側に配置します。このような関連付けを上記ステップ①の図解に追加すると次のス

テップ②のようになります。

ステップ②

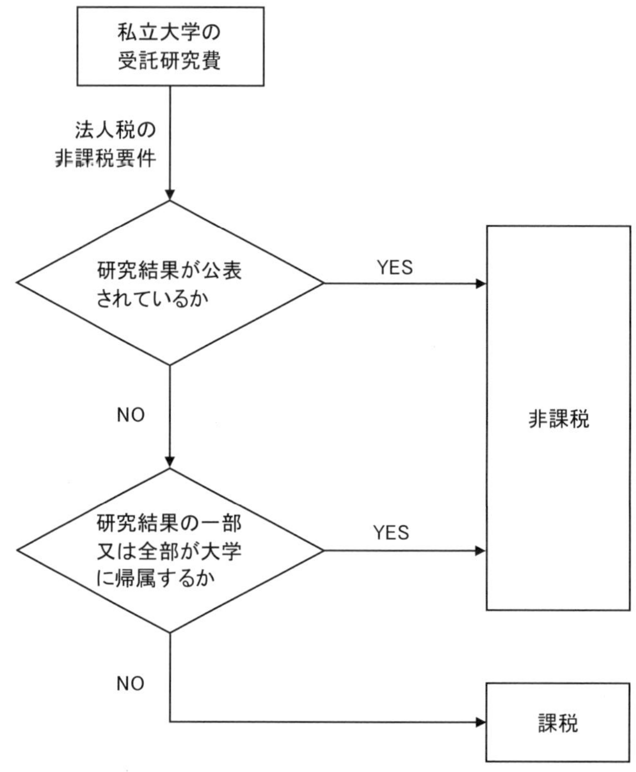

(２) 新旧対照表

次に非課税要件の税制改正の状況を新旧対照表で表します。非課税要件は、５番を見ると2017年度税制改正で要件が緩和されたとありますが、具体的に改正前と改正後でどのように緩和されたのかは新聞記事では明らかにされていません。

そこで、2017年度税制改正による法人税法施行令５条（収益事業の範囲）1項十号ニの改正内容を見ると、収益事業から除かれる請負業の範囲について改正前は大要「研究の実施期間が３か月以上並びに、研究成果の公表及び研究成果が大学に帰属」することとして、これら３つの要件すべてを満たす必要があるとされていましたが、改正後は大要「研究成果の公表」か、「研究成果の一部又は全部が大学に帰属」することとして、いずれかを満たすことが要件とされました。なお、研究の実施期間の要件は廃止されています。

そこでこのような改正状況を新旧対照表で表すと、左側に改正後の内容を、右側に改正前の内容を配置します。そして、要件のすべてを満たす必要があるのか否かは、判断のポイントになりますので、分かりやすくするために、「OR」、「AND」を表示します。このようにして配置すると次のステップ③の図解が一例として考えられます。なお、横軸のタイトル行は網掛けにしています。

ステップ③

改正後	改正前
要件廃止	実施期間が3か月以上
	AND
研究成果の公表	研究成果の公表
OR	AND
研究成果の一部又は全部が大学に帰属	研究成果が大学に帰属

6　タイトルと情報源の表示

（1）YES/NO チャート

上記ステップ②の図解は、東京女子医大などの私立大学の受託研究費が非課税要件に該当するのか否かを表したものですので、タイトルは「私立大学における受託研究費の非課税要件の判定」とし、左下の余白に情報源として「日本経済新聞夕刊東京本社版2023年３月31日11面を基に作成」とします。これらをステップ②の図解に表示することで完成した図解は次のステップ④のとおりです。

ステップ④

私立大学における受託研究費の非課税要件の判定

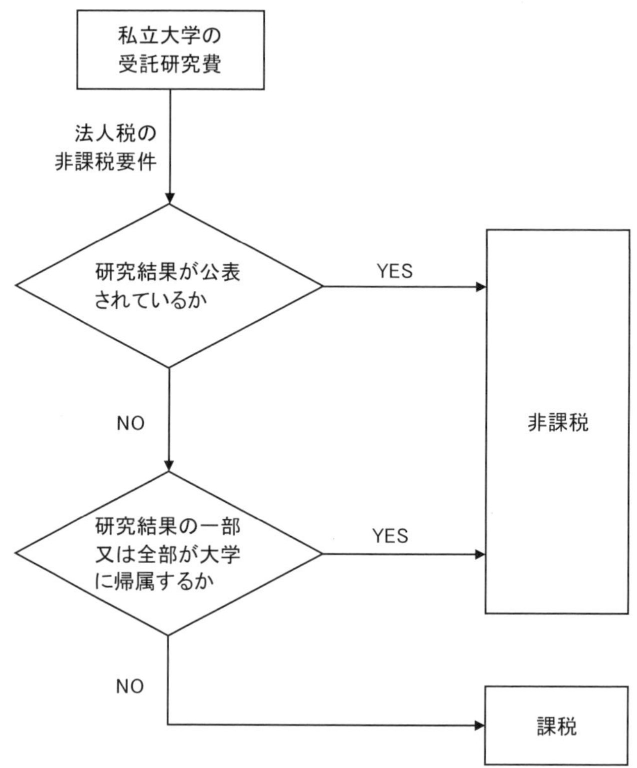

（注）日本経済新聞夕刊東京本社版2023年3月31日11面を基に作成

（２）新旧対照表

上記ステップ③の図解は、税制改正によって受託研究費の非課税要件が緩和されたことを表していますので、タイトルは「2017年度税制改正による受託研究費の非課税要件の緩和」とし、左下の余白には情報源として「法人税法施行令５条１項十号ニの新旧対照表を基に作成」とします。これらをステップ③の図解に表示することで完成した図解は次のステップ⑤のとおりです。

ステップ⑤

2017年度税制改正による受託研究費の非課税要件の緩和

改正後	改正前
要件廃止	実施期間が3か月以上
	AND
研究成果の公表	研究成果の公表
OR	AND
研究成果の一部又は全部が大学に帰属	研究成果が大学に帰属

（注）法人税法施行令5条1項十号ニの新旧対照表を基に作成

7　図解からの気付き

（１）YES/NO チャート

上記ステップ④の図解のように YES/NO チャートにしてみると、受託研究費が非課税要件に該当するのか否かの判断が分かりやすくなりました。

では、この図解からはどのような点が気になるのか見てみると、私立大学など学校法人に該当する法人は公益法人等とされ、公益法人等は収益事業から生じた所得以外の所得については、法人税を課さないとされています。この収益事業の範囲は物品販売業をはじめ34事業が示されており、受託研究費は34事業の中の請負業に該当しますが、上記の非課税要件に該当する場合はこの請負業から除くとされています。

そこで、ステップ④の図解の右側にある「非課税」と「課税」の判定結果に、それぞれ「収益事業の請負業に該当しない」、「請負業に該当する」と収益事業の該当性を表示した方がより分かりやすい図解になると考えられますので、これらをステップ④の図解に追加すると次のステップ⑥のようになります。

ステップ⑥

私立大学における受託研究費の非課税要件の判定

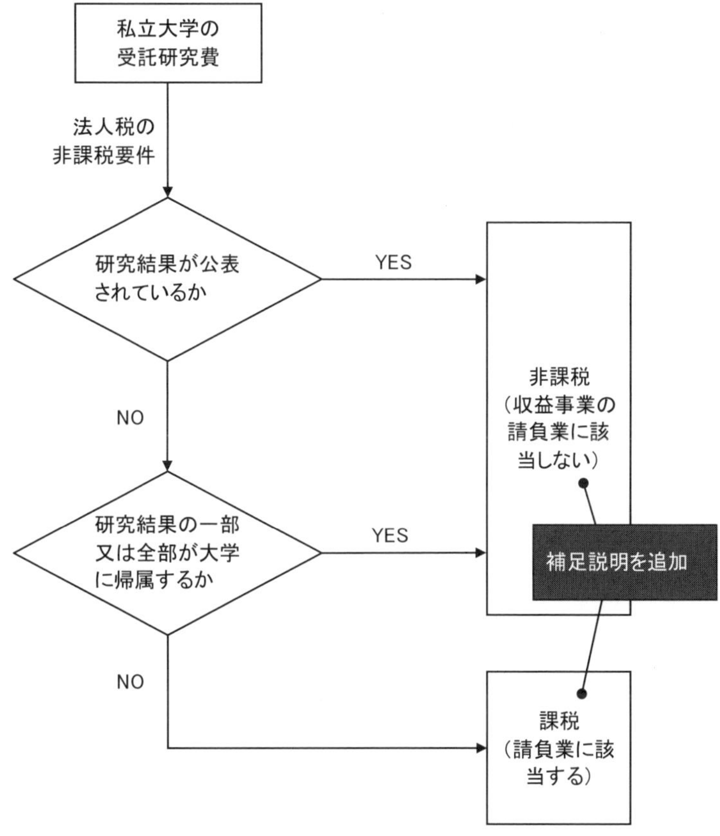

（注）日本経済新聞夕刊東京本社版2023年3月31日11面を基に作成

（２）新旧対照表

上記ステップ⑤の図解のように新旧対照表にしてみると、非課税要件の税制改正の状況が分かりやすくなりました。

では、この図解からはどのような点が気になるのか見てみると、税制改正の状況を表す場合には、改正後の制度がいつから適用されるのか、改正前の制度はいつまで適用されるのかは、課税関係に大きく影響しますので、適用事業年度は確認しておく必要があります。

そこで、それぞれの適用事業年度を見ると、改正前の制度は2017年３月31日以前に開始した事業年度で適用され、改正後の制度は2017年４月１日以後に開始した事業年度で適用することとされています。これらをステップ⑤の図解に追加すると次のステップ⑦のようになります。

なお、追加した横軸の適用開始事業年度は、タイトル行と異なる網掛けにしています。

ステップ⑦

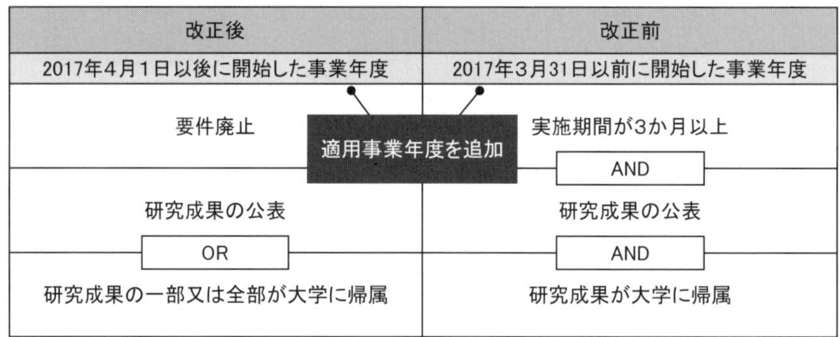

基礎演習 3

不当利得返還請求権が相続財産に含まれるとされた裁判例

使用する図解	タイムフロー、フローチャート

基礎演習３の題材は、週刊税のしるべ2023年３月６日２面に掲載された不当利得返還請求権が相続財産に含まれるとした裁判例に関する記事です。

この事例は、亡くなった母の相続人である２人の子どものうち二男が、母の金融機関の口座から約14億円を出金していたとして亡母がこの二男に対し不当利得返還請求権を取得し、これが相続財産に含まれるとして更正処分が行われたものです。これに対して二男は出金しておらず、不当利得返還請求権は発生していないと主張して争われました。

記事はやや長文になりますが、母の金融機関の口座から出金したのは二男か否か、ヒトとカネの流れに注意して読んでみましょう。

亡母に不当利得返還請求権が発生

東京地裁

亡くなった母の相続に係る相続税の申告をしたところ、課税庁から法定相続人である2人の子どものうち二男が相続開始前に認知症を患っていた母の金融機関の口座から現金14億円超を出金したことで母が二男に対する不当利得返還請求権を取得し、これが相続財産に含まれるなどとして、長男と二男に相続税の更正処分等を行った。これに対して二男が出金はしておらず、不当利得返還請求権は発生していないなどと主張して処分の取消しを求めていた事案で、東京地裁（品田幸男裁判長）は2月16日、出金はいずれも二男が行ったものと認めることができるとして処分を適法とする判決を下した。

相続税の更正処分等は適法

二男が口座から14億円超出金などで

本件で母は証券会社に口座を開設しており、本件口座のMRF（オープン型の公社債投資信託）を現金に換金して出金するために必要なカードの発行を受けていた。母は22年11月にアルツハイマー型認知症と診断され、24年12月に老人保健施設に入所。26年2月に介護付有料老人ホームに転所し、28年4月に亡くなった。

この間の、25年9月から同年12月までの間に、母が本件口座で保有していた株式はすべて売却され、売却代金がMRFの買付けに充てられた。本件口座からは、25年12月25日から28年1月13日までの750日間に、ATMを通じて1902回にわたって合計約14億3000万円が出金された。各出金の結果、本件口座で保有されている資産はなくなった。

母が亡くなった後、法定相続人である兄弟は相続税の申告を行ったが、課税庁はこの14億円超の各出金について、母が二男に対して取得した不当利得返還請求権の価格が課税価格に含まれていないことなどを理由に更正処分等を行った。

争点は、各出金をしたのは二男か、また母の二男に対する不当利得返還請求権の成否など。

二男側は各出金をしたのは二男ではなく、各出金についても更正処分の際に知らされるまでまったく知らなかったなどと主張。

しかし、地裁は本件口座のMRFを出金するために必要なカードは1枚しか発行されていなかったと指摘した上で、本件口座から最も多い1428回が出金されたATMが設置されていたコンビニエンスストアの店長と店員が東京国税局の相続税調査で二男の顔写真を確認し、二男と思われる人物が頻繁に来店していたなどと供述。また、証券会社で26年4月に各出金が問題となり、同年5月に担当者が二男に電話したところ、二男は出金されているのはわかっているなどと述べていた。

こうしたことから地裁は各出金はいずれも二男が行ったものと優に認めることができると認定。

また、二男は相続の開始までに各出金に係る金員について、母の占有を排除して自己のために所持し、または費消しており、法律上の原因なく利益を受け、そのために母に損失を及ぼしたものといえるから、母は民法703条、704条に基づき、二男に対する不当利得返還請求権を有するに至っていたと認められるなどとして処分を適法と判断した。

なお、相続税の申告書を作成した税理士は、二男に母の口座を隠してもいいことはなく、このまま申告書を提出すると調査が入る可能性があると伝えたが、二男は調査が入っても構わない旨を返答したとされている。

亡母に不当利得返還請求権が発生
（週刊税のしるべ2023年3月6日2面）

解説

1　図解のテーマ

この事例では、母の金融機関の口座から出金したのは二男か否かが問題となっていますので、亡母の生前の生活実態と、母の金融資産の処分状況について図解します。

2　図解の種類

この事例は、まず亡母の生前の生活実態を図解することになりますので、タイムフローが適当ではないかと考えられます。また、母の金融資産の処分状況については、フローチャートが適当ではないかと考えられます。

3　キーワードを拾い出す

キーワードを拾い出しやすくするために、新聞記事をブロックごとに分けた上で、それぞれのブロックにどのようなキーワードがあるのか見ていきます。

亡母に不当利得返還請求権が発生

東京地裁

相続税の更正処分等は適法

二男が口座から14億円超出金などで

亡くなった母の相続に係る相続税の申告をしたところ、課税庁から法定相続人である2人の子どものうち二男が相続開始前に認知症を患っていた母の金融機関の口座から現金14億円超を出金したことで母が二男に対する不当利得返還請求権を取得し、これが相続財産に含まれるなどとして、長男と二男に相続税の更正処分等を行った。これに対して二男が出金はしておらず、不当利得返還請求権は発生していないなどと主張して処分の取消しを求めていた事案で、東京地裁（品田幸男裁判長）は2月16日、出金はいずれも二男が行ったものと認めることができるとして処分を適法とする判決を下した。

(A) 本件で母は証券会社に口座を開設しており、本件口座のMRF（オープン型の公社債投資信託）を現金に換金して出金するために必要なカードの発行を受けていた。(B) 母は22年11月にアルツハイマー型認知症と診断され、24年12月に老人保健施設に入所。26年2月に介護付有料老人ホームに転所し、28年4月に亡くなった。

(C) この間の、25年9月から同年12月までの間に、母が本件口座で保有していた株式はすべて売却され、売却代金がMRFの買付けに充てられた。本件口座からは、25年12月25日から28年1月13日までの750日間に、ATMを通じて1902回にわたって合計約14億3000万円が出金された。各出金の結果、本件口座で保有されている資産はなくなった。

母が亡くなった後、法定相続人である兄弟は相続税の申告を行ったが、課税庁はこの14億円超の各出金について、母が二男に対して取得した不当利得返還請求権の価格が課税価格に含まれていないことなどを理由に更正処分等を行った。

争点は、各出金をしたのは二男か、また母の二男に対する不当利得返還請求権の成否など。

二男側は各出金をしたのは二男ではなく、各出金についても更正処分の際に知らされるまでまったく知らなかったなどと主張。

(D) しかし、地裁は本件口座のMRFを出金するために必要なカードは1枚しか発行されていなかったと指摘した上で、本件口座から最も多い1428回が出金されたATMが設置されていたコンビニエンスストアの店長と店員が東京国税局の相続税調査で二男の顔写真を確認し、二男と思われる人物が頻繁に来店していたなどと供述。(E) また、証券会社で26年4月に各出金が問題となり、同年5月に担当者が二男に電話したところ、二男は出金されているのはわかっているなどと述べていた。こうしたことから地裁は各出金はいずれも二男が行ったものと優に認めることができると認定。

(F) また、二男は相続の開始までに各出金に係る金員について、母の占有を排除して自己のために所持し、または費消しており、法律上の原因なく利益を受け、そのために母に損失を及ぼしたものといえるから、母は民法703条、704条に基づき、二男に対する不当利得返還請求権を有するに至っていたと認められるなどとして処分を適法と判断した。

なお、相続税の申告書を作成した税理士は、二男に母の口座を隠してもいいことはなく、このまま申告書を提出すると調査が入る可能性があると伝えたが、二男は調査が入っても構わない旨を返答したとされている。

まず、Ａブロックからは、「母」は「証券会社」から「MRF 出金用のカード」の「交付を受けていた」ことが分かります。なお、このブロックからは交付を受けたカードの枚数は不明です。

次に、Ｂブロックからは「母」の生前の生活実態が分かります。「平成22年11月」に「アルツハイマー型認知症と診断」され、「平成24年12月」に「老人保健施設に入所」し、「平成26年２月」に「介護付有料老人ホームに転所」した後、「平成28年４月」に「死亡」したとあります。

Ｃブロックからは、母が老人保健施設に入所して以降の母の金融資産の処分状況が分かります。「平成25年９月から平成25年12月まで」の間に「母保有の株式」は「すべて売却され、MRF 買付」に充てられていることが分かります。そして「平成25年12月25日から平成28年１月13日までの750日間」に、「ATM で1,902回」にわたって「約14.3億円」が「出金」されていることが分かります。

Ｄブロックからは、「MRF 出金用のカード」は「１枚のみ発行」されていることが分かります。そして東京国税局の調査において、ATM から出金された1,902回の内「1,428回が出金された ATM が設置されているコンビニエンスストア」の店長と店員が「二男」と思われる人物が来店していたと供述していることが分かります。

Ｅブロックからは、「平成26年５月」に、「証券会社の担当者」が、「MRF」が「出金」されていることについて、「二男」に「電話で確認」していることが分かります。

最後にＦブロックからは、「出金した金員」について、「二男」は「相続開始まで」に「自己のために所持し、費消」していたことが分かります。

4 キーワードの分類

新聞記事からブロックごとに拾い出したキーワードを、図解整理シートに当てはめてみると次のように整理することができます。なお、記事で明らかになっていない情報はブランクとしています。

一連番号	ブロック	トキ	ヒト		モノ	カネ	結果	書類	データ
		（いつ）	（誰が）	（誰の・から・に）	（何を）	（いくらで）	（どうした）		
1	A		母	証券会社	MRF出金用のカード		発行を受けていた		
2	B	平成22年11月	母				アルツハイマー型認知症と診断		
3	B	平成24年12月	母				老人保健施設に入所		
4	B	平成26年2月	母				介護付有料老人ホームに転所		
5	B	平成28年4月	母				死亡		
6	C	平成25年9月から平成25年12月まで			母保有の株式		すべて売却され、MRF買付		
7	C	平成25年12月25日から平成28年1月13日までの750日間			MRF	約14.3億円	ATMで1,902回出金		
8	D				MRF出金用のカード		1枚のみ発行		
9	D		二男		MRF		コンビエンスストアATMで1,428回出金		
10	E	平成26年5月	証券会社の担当者	二男	MRF	出金	電話で確認		
11	F	相続開始までに	二男			出金した金員	自己のために所持し、費消		

5 キーワードの関連付け

（1）亡母の生前の生活実態

まず、亡母の生前の生活実態をタイムフローで表します。図解整理シートの２番にある平成22年11月のアルツハイマー型認知症と診断されたことをスタートとして、これを左端に配置します。次に３番、４番、５番のとおり日付順に右側に配置していきます。最後に右端は死亡により相続が開始した日となります。このようにして配置すると次のステップ①の図解が一例として考えられます。

ステップ①

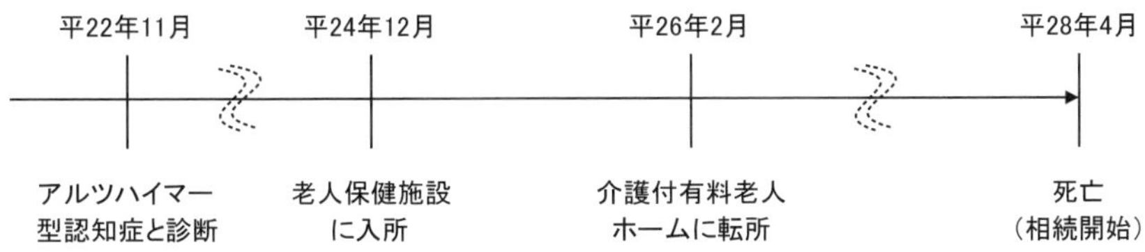

なお、平成22年11月と平成24年12月の間、平成26年２月と平成28年４月の間には時間的な開きがありますので、時間の長さを短くして表すために縦型の波線を使用しています。

（２）母の金融資産の処分状況

次に母の金融資産の処分状況については、タイムフローとフローチャートを組み合わせて表します。

６番と７番を見ると、平成25年９月から平成25年12月までで間に、全株式を売却し、その売却代金でMRFを買い付けたとありますので、全株式売却を上に配置し、その下に買い付けたMRFを配置します。全株式売却とMRF買付の関係は、全株式売却からMRF買付に向かう矢印でつなぎます。

そして、そのMRFは平成25年12月25日から平成28年１月13日までの750日間に、ATMで1,902回にわたって約14.3億円が出金されていますので、MRF買付の下に、出金された約14.3億円を配置します。MRF買付と出金された約14.3億円の関係は、MRF買付から出金された約14.3億円に向かう矢印でつなぎます。この関連付けを上記ステップ①の図解に追加すると次のステップ②のようになります。

なお、ATMで出金したのは、平成25年12月25日から平成28年１月13日までの間とされていますが、図解では便宜上それぞれ日にちを省略し、年月のみで表しています。また、母の金融資産の処分に関する日付の線は太線としています。

ステップ②

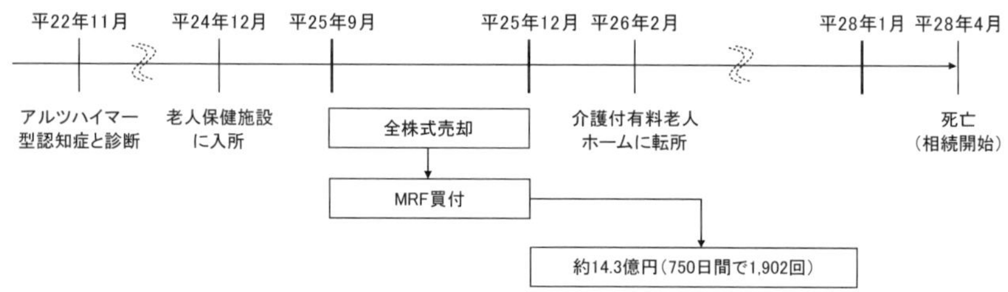

次に、１番と８番から10番を見ると、MRF出金用のカードは１枚しか発行されていないこと、そして二男はそのカードを使い、出金の内少なくとも1,428回のATM出金は二男が行っていると考えられます。この補足説明を上記ステップ②の図解に追加すると次のステップ③のようになります。

ステップ③

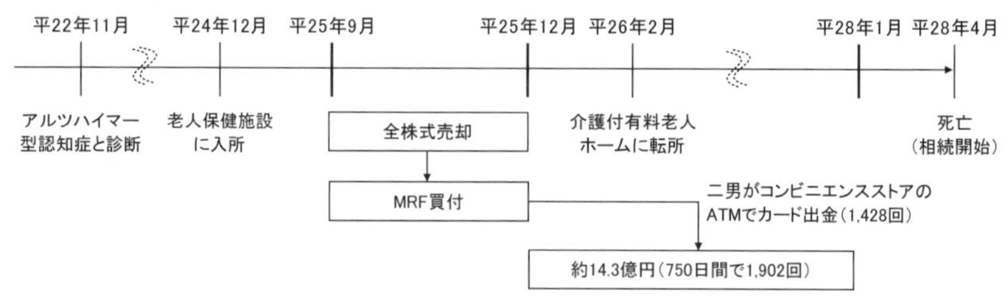

次に、11番を見ると、出金したカネの使途として、平成28年４月の相続開始までに、二男が自己のために所持し又は費消したとありますので、その使途は出金した約14.3億円の下に配置します。これらの関係は、使途に向かう矢印でつなぐことになります。この関連付けを上記ステップ③の図解に追加すると次のステップ④のようになります。

ステップ④

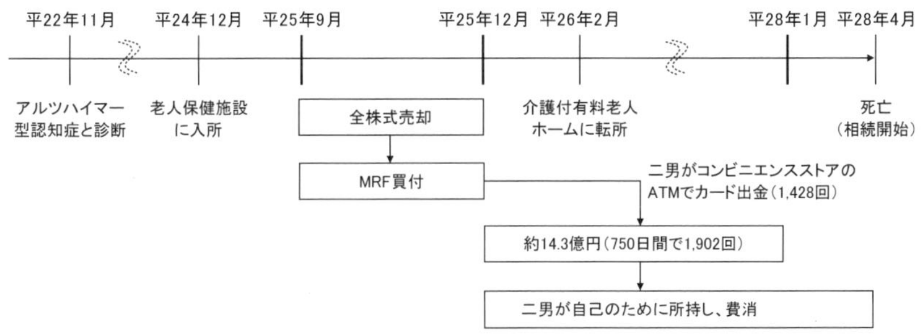

この事例では、タイムフローとフローチャートを組み合わせた一つの図解で、亡母の生前の生活実態と母の金融資産の処分状況を表しています。これらを区分して見やすくするために、上記ステップ④の図解で生活実態に関するフローに網掛けを付けると次のステップ⑤のようになります。

ステップ⑤

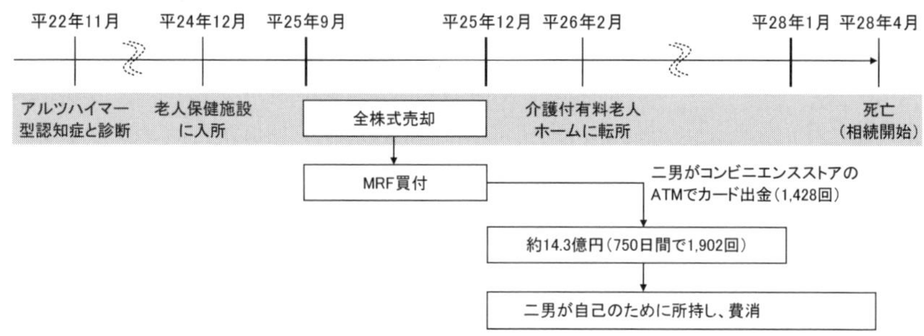

6 タイトルと情報源の表示

上記ステップ⑤の図解は、亡母の生前の生活実態と、その間における母の金融資産を誰が処分したのかがポイントになっていますので、タイトルは「亡母の生活実態と金融資産の処分状況」とし、左下の余白に情報源として「週刊税のしるべ2023年３月６日２面を基に作成」とします。これらをステップ⑤の図解に表示することで完成した図解は次のステップ⑥のとおりです。

ステップ⑥

亡母の生活実態と金融資産の処分状況

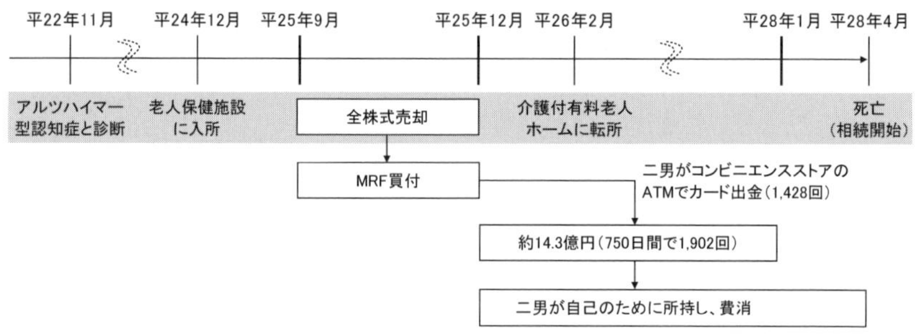

（注）週刊税のしるべ2023年3月6日2面を基に作成

7 図解からの気付き

上記ステップ⑥の図解のようにタイムフローとフローチャートにしてみると、亡母が施設入所中に二男はMRFから出金して、自己が費消するなどしていたことが分かりやすくなりました。

では、この図解からはどのような点が気になるのか見てみると、この事例は亡母の金融資産を誰が処分しているのかが問題となっていましたので、その判断に当たって必要と考えられる情報があります。例えば、株式は誰が処分したのか、また、MRFから出金したカネの使途として、東京国税局の調査日現在で保有していた現金はあるのか、二男名義の預貯金等の金融資産はあるのかといった点が挙げられます。このような疑問点をステップ⑥の図解に追加すると次のステップ⑦のようになります。

ステップ⑦

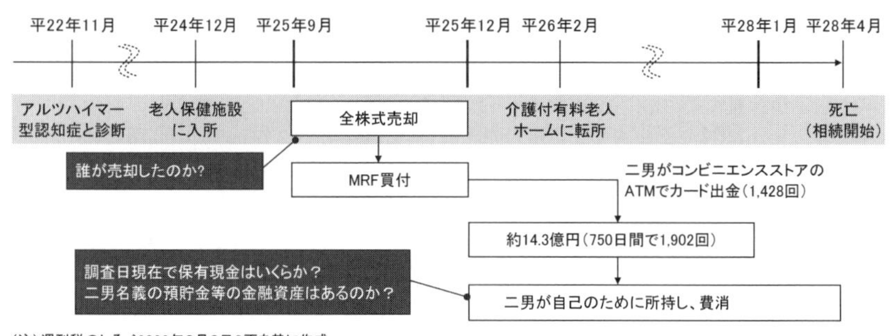

※拡大版は112～113ページに掲載

亡母の生活実態と金融資産の処分状況

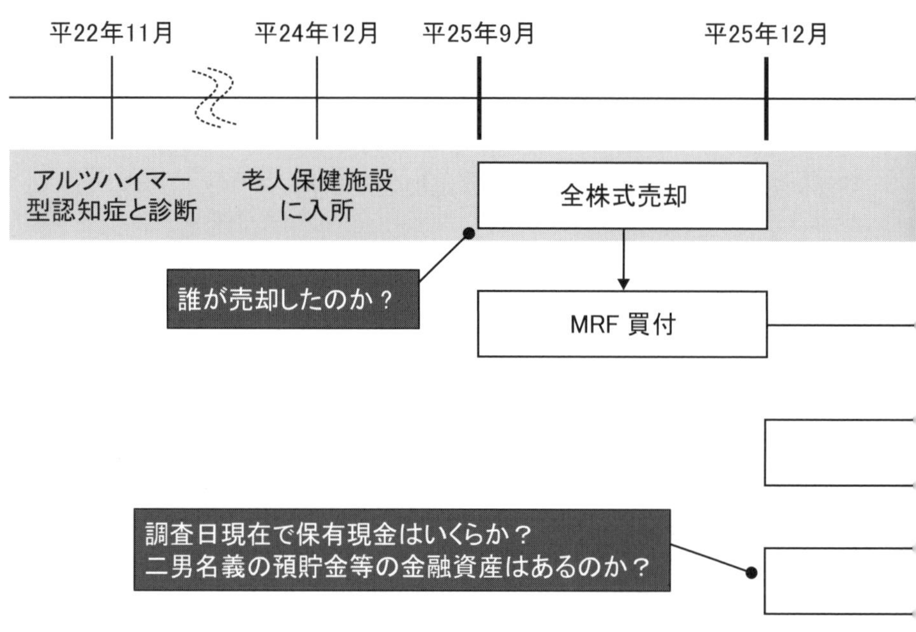

（注）週刊税のしるべ2023年３月６日２面を基に作成

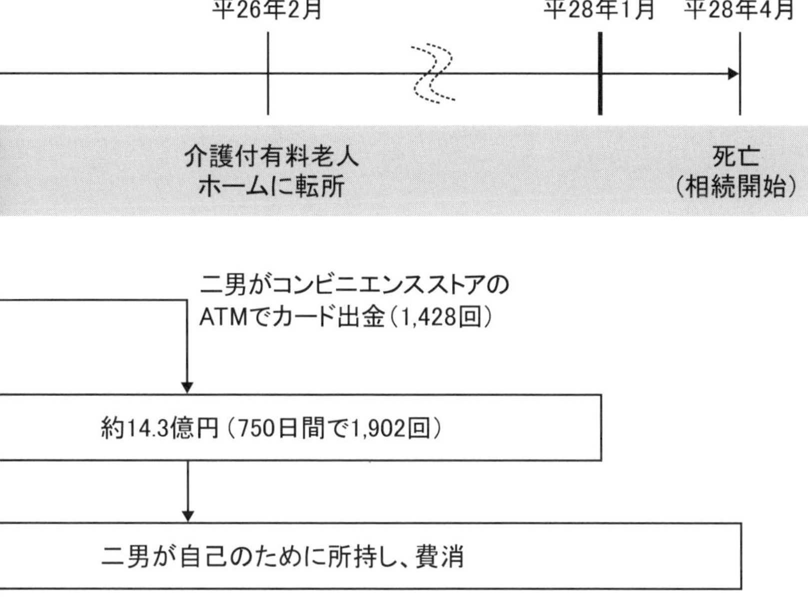
平26年2月
平28年1月
平28年4月
介護付有料老人
ホームに転所
死亡
（相続開始）
二男がコンビニエンスストアの
ATMでカード出金（1,428回）
約14.3億円（750日間で1,902回）
二男が自己のために所持し、費消

基礎演習 4

経理担当者から説明された会社組織

使用する図解	関係図

基礎演習４の題材は、甲社（電子部品販売業）の総務経理課社員のサキさんが、新たに税務顧問を依頼することになった会計事務所社員のリサさんに会社組織を説明している場面です。

この事例の会話は短いものとなっています。どのような部署があるのか注意して読んでみましょう。

リサ：御社の会社組織を教えてください。

サキ：当社は電子部品販売業を営む会社ですが、会社組織は、社長をトップにして、その下に部署が３つあります。総務経理課、営業課、商品管理課の３つです。これら３つの部署は大田区の本社にありますが、これとは別に品川区に品川営業所があります。

リサ：それぞれの部署はどのような業務を行うのですか。

サキ：総務経理課は総務、人事、経理を担当しています。営業課は商品の受注と発送を担当しています。商品管理課は商品の在庫管理と発注を担当しています。そして、品川営業所は新規売上先の獲得を担当しています。

リサ：それぞれの部署には責任者の方はいますか。お名前を教えてください。

サキ：責任者は各部署の課長です。名前は、総務経理課はＡ、営業課はＢ、品川営業所はＣです。Ｂ課長は商品管理課の課長も兼務しています。

リサ：それぞれの部署の従事員は何人ですか。

サキ：社長を除きますが、本社は課長を含めて全員で８名です。内訳は、総務経理課は３名、営業課は３名、商品管理課は２名です。品川営業所は課長を含めて３名です。

リサ：各部署で課長を除くと社員の数は、総務経理課が２名、営業課が２名、商品管理課が２名、品川営業所が２名ということになりますが、社員の方のお名前を教えてください。

サキ：総務経理課はＤと私の２名です。営業課はＦ、Ｇの２名です。商品管理課はＨとＩの２名です。そして品川営業所はＪとＫの２名です。

リサ：この中にアルバイト社員の方はいますか。

サキ：営業課のＧがアルバイト社員です。

解説

1　図解のテーマ

この事例では、説明を受けた会社組織について、部署や従事員の状況を図解します。

2　図解の種類

この事例は会社組織を図解することになりますので、関係図（組織図）が適当ではないかと考えられます。

3 キーワードを拾い出す

キーワードを拾い出しやすくするために、会話をブロックごとに分けた上で、それぞれのブロックにどのようなキーワードがあるのか見ていきます。

リサ：御社の会社組織を教えてください。

サキ：Ⓐ 当社は電子部品販売業を営む会社ですが、会社組織は、社長をトップにして、その下に部署が３つあります。総務経理課、営業課、商品管理課の３つです。これら３つの部署は大田区の本社にありますが、これとは別に品川区に品川営業所があります。

リサ：それぞれの部署はどのような業務を行うのですか。

サキ：Ⓑ 総務経理課は総務、人事、経理を担当しています。営業課は商品の受注と発送を担当しています。商品管理課は商品の在庫管理と発注を担当しています。そして、品川営業所は新規売上先の獲得を担当しています。

リサ：それぞれの部署には責任者の方はいますか。お名前を教えてください。

サキ：Ⓒ 責任者は各部署の課長です。名前は、総務経理課はＡ、営業課はＢ、品川営業所はＣです。Ｂ課長は商品管理課の課長も兼務しています。

リサ：それぞれの部署の従事員は何人ですか。

サキ：Ⓓ 社長を除きますが、本社は課長を含めて全員で８名です。内訳は、総務経理課は３名、営業課は３名、商品管理課は２名です。品川営業所は課長を含めて３名です。

リサ：各部署で課長を除くと社員の数は、総務経理課が２名、営業課が２名、商品管理課が２名、品川営業所が２名ということになりますが、社員の方のお名前を教えてください。

サキ：総務経理課はＤと私の２名です。営業課はＦ、Ｇの２名です。商品管理課はＨとＩの２名です。そして品川営業所はＪとＫの２名です。

Ｅ

リサ：この中にアルバイト社員の方はいますか。

サキ：営業課のＧがアルバイト社員です。

Ｆ

まず、Ａブロックからは甲社（当社）の組織の骨格が分かります。「大田区」の「本社」には「社長」をトップにして、「総務経理課」、「営業課」、「商品管理課」の３つの部署があります。そして本社とは別に、「品川区」に「品川営業所」があります。

次に、Ｂブロックからは各部署の担当業務が分かります。「総務経理課」は「総務、人事、経理」、「営業課」は「商品受注、発送」、「商品管理課」は「在庫管理、発注」、そして「品川営業所」は「新規売上先獲得」を担当しています。

Ｃブロックからは、各部署の責任者は各部署に配置されている「課長」で、その課長の名前が分かります。「総務経理課」は「Ａ」、「営業課」は「Ｂ」、「品川営業所」は「Ｃ」です。「商品管理課」は「営業課長」の「Ｂ」が兼務しています。

Ｄブロックからは、各部署の従事員数が分かります。全部署の従事員は課長を含めて合計11名で、「総務経理課」は「課長１名、社員２名」、「営業課」は「課長１名、社員２名」、「商品管理課」は「社員２名」、「品川営業所」は「課長１名、社員２名」です。

Ｅブロックからは、各部署の社員の名前が分かります。「総務経理課」は「D、サキ」の２名、「営業課」は「F、G」の２名、「商品管理課」は「H、I」の２名、「品川営業所」は「J、K」の２名です。

最後にＦブロックからは、「営業課」の「G」は「アルバイト社員」であることが分かります。

4 キーワードの分類

会話からブロックごとに拾い出したキーワードを、図解整理シートに当てはめてみると次のように整理することができます。なお、ここで使用する図解整理シートは、これまでのものとは違い組織図作成用に区分けを変えています。

一連番号	ブロック	場所	部署	業務	責任者	名前	人数
1	A	大田区本社	社長、総務経理課、営業課、商品管理課				
2	A	品川区	品川営業所				
3	B		総務経理課	総務、人事、経理			
4	B		営業課	商品受注、発送			
5	B		商品管理課	在庫管理、発注			
6	B		品川営業所	新規売上先獲得			
7	C		総務経理課		課長	A	
8	C		営業課		課長	B	
9	C		商品管理課		営業課長	B	
10	C		品川営業所		課長	C	
11	D		総務経理課				課長1名、社員2名
12	D		営業課				課長1名、社員2名
13	D		商品管理課				社員2名
14	D		品川営業所				課長1名、社員2名
15	E		総務経理課			D、サキ	
16	E		営業課			F、G	
17	E		商品管理課			H、I	
18	E		品川営業所			J、K	
19	F		営業課			Gアルバイト社員	

5　キーワードの関連付け

組織図は通常ピラミッド型になります。社長を頂点にして、その下に部署が広がっていくイメージです。

まず、図解整理シートの１番と２番から社長ほか各部署を配置すると、次のステップ①の図解が一例として考えられます。

なお、本社と品川営業所は場所が異なることから、これを区別するために網掛けで分けています。

ステップ①

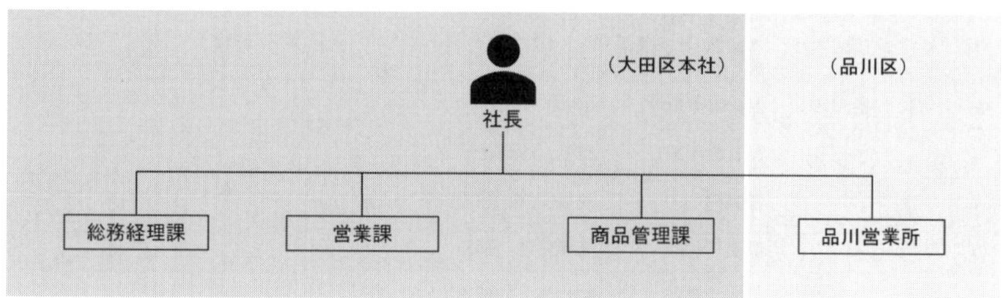

次に、３番から10番を見ると、各部署の担当業務と責任者が分かりますので、この関連付けを上記ステップ①の図解に追加すると次のステップ②のようになります。

なお、Ｂは営業課と商品管理課の課長を兼務していますので、営業課と商品管理課の間に配置しています。

ステップ②

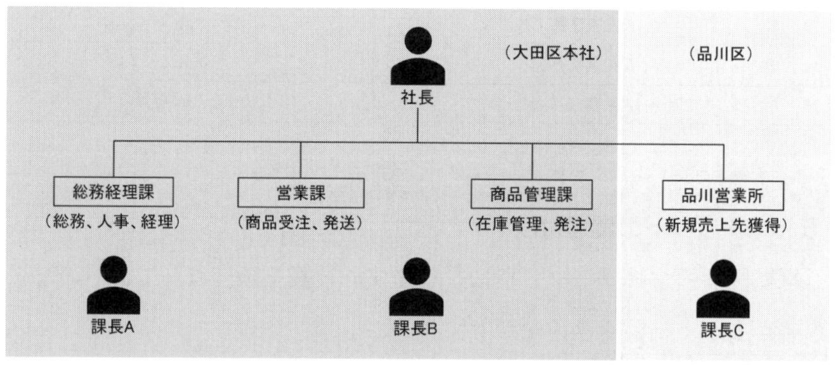

次に、11番から18番を見ると、各部署の人数と名前が分かりますので、この関連付けを上記ステップ②の図解に追加すると次のステップ③のようになります。

なお、営業課社員と商品管理課社員はＢ課長の下に配置することになりますが、それぞれ部署が違うことから、Ｂ課長から下に向かう線は２本出して、それぞれの社員をつないでいます。

また、19番を見ると営業課のＧはアルバイト社員ということが分かりますので、この情報も追加しています。

ステップ③

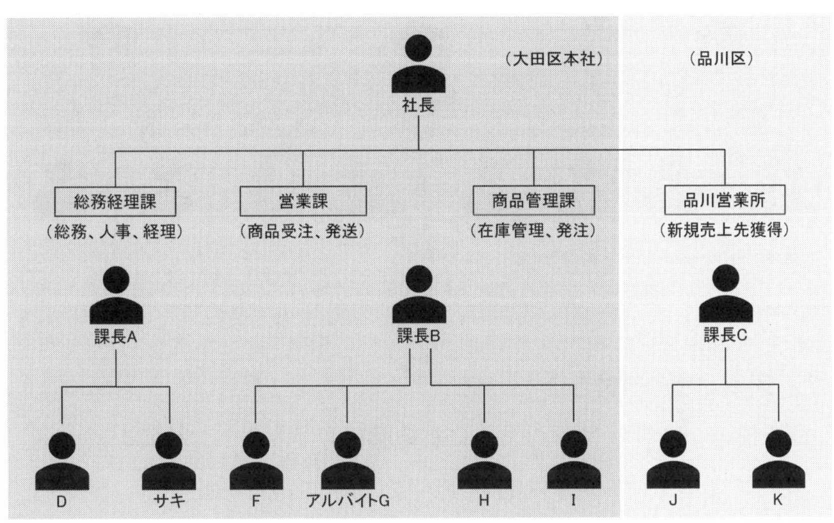

6　タイトルと情報源の表示

この事例は、甲社の会社組織を表したものですので、タイトルは「甲社（電子部品販売業）の組織図」とし、左下の余白に情報源として「総務経理課社員サキさんの説明を基に作成」とします。これらを上記ステップ③の図解に表示することで完成した図解は次のステップ④のとおりです。

ステップ④

甲社（電子部品販売業）の組織図

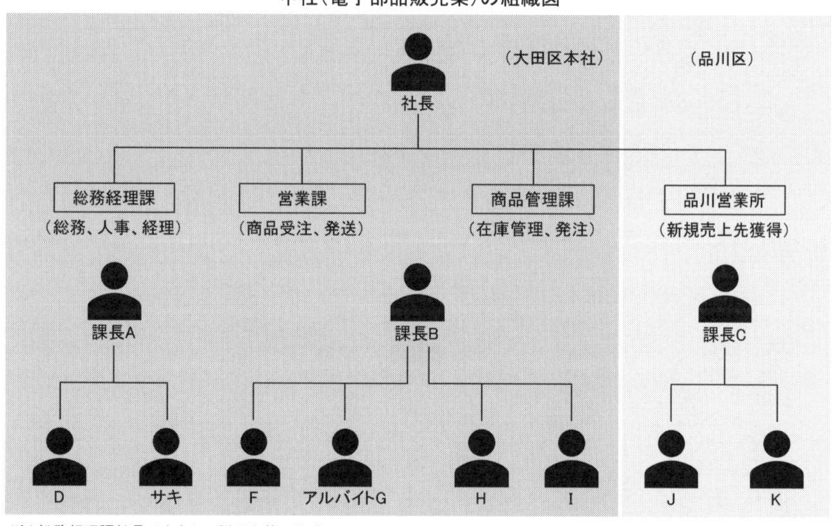

（注）総務経理課社員サキさんの説明を基に作成

7 図解からの気付き

上記ステップ④の図解のように組織図にしてみると、社長を頂点として三層になっている組織構造が分かりやすくなりました。

では、この図解からはどのような点が気になるのか見てみると、例えば、本社は大田区にありますが、営業所は隣の品川区に設置されています。この営業所がどのような経緯で設置されているのかという点が挙げられます。

また、B課長は営業課と商品管理課の責任者を兼務していますが、内部けん制として機能しているのか、また、各社員の担当割はどのようになっているのかという点もあります。このような疑問点をステップ④の図解に追加してみると次のステップ⑤のようになります。

ステップ⑤

甲社（電子部品販売業）の組織図

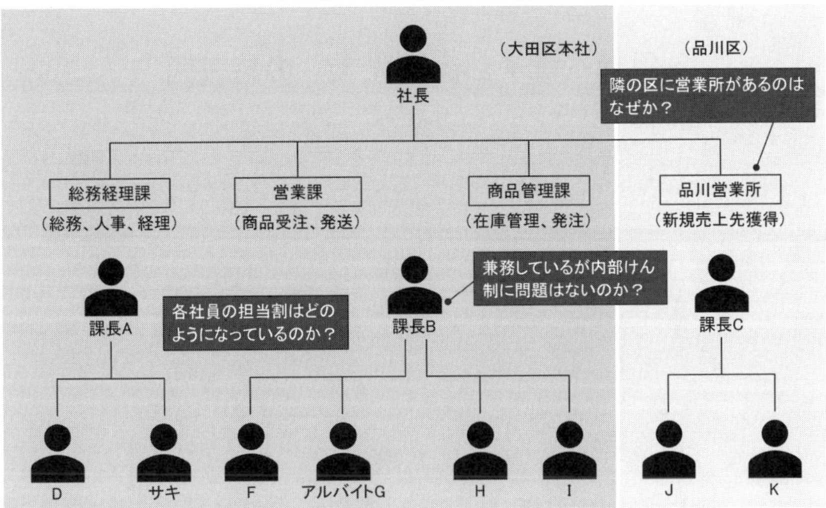

（注）総務経理課社員サキさんの説明を基に作成

※拡大版は124～125ページに掲載

甲社（電子部品販売業）の組織図

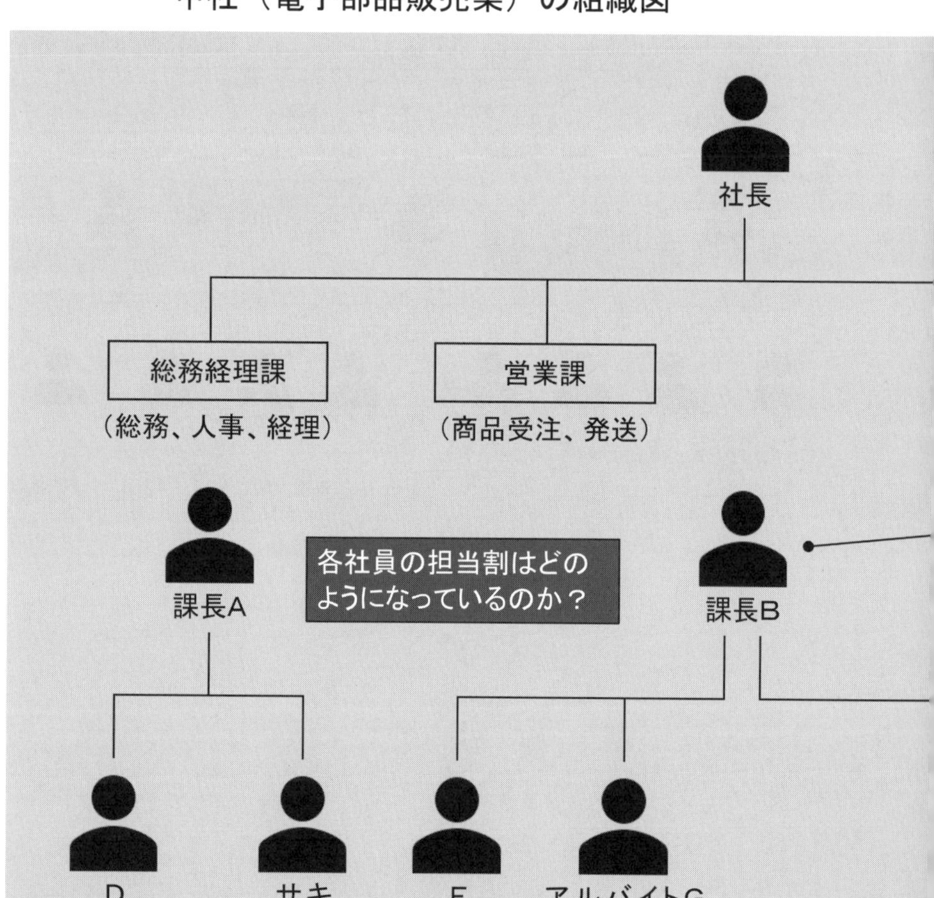

（注）総務経理課社員サキさんの説明を基に作成

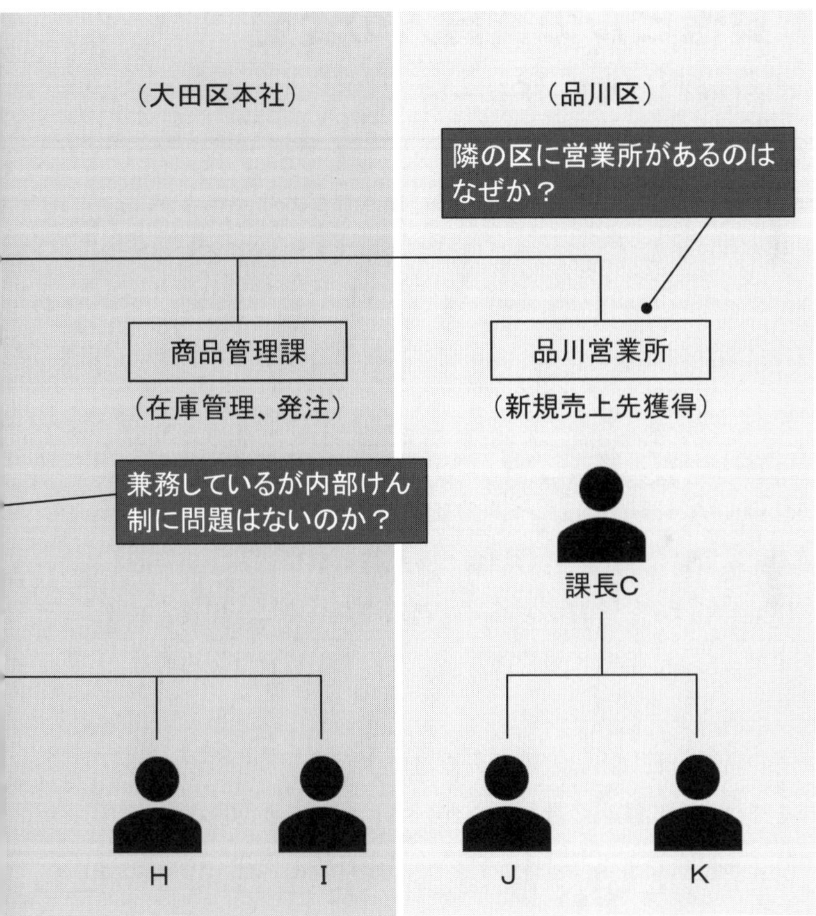
（大田区本社）
（品川区）
隣の区に営業所があるのはなぜか？
商品管理課
（在庫管理、発注）
品川営業所
（新規売上先獲得）
兼務しているが内部けん制に問題はないのか？
課長C
H
I
J
K

基礎演習 5

経理担当者から説明された賃借ビルの賃貸人の変更

使用する図解	フローチャート

基礎演習５の題材は、顧問先甲社の総務経理課社員のサキさんが、会計事務所社員のリサさんに、甲社の品川営業所が入っているビルの賃貸人が変わったことを説明している場面です。

この事例の会話は短いものとなっています。ヒトとカネなどの流れに注意して読んでみましょう。

サキ：当社の品川営業所は、乙ビルの102号室をＣ社から賃借していて、家賃はこのビルの管理会社Ｂ社に消費税込みで15万円支払っています。それが、乙ビルが譲渡されてビルの賃貸人が変わったと、Ｂ社から連絡がありました。賃貸借契約書はＣ社と交わしていました。

リサ：ビルの新しい賃貸人はどのような方ですか。

サキ：今までは日本の法人Ｃ社でしたが、これがいわゆる非居住者のＤさんに変わるようです。このＤさんは香港に住んでいるようです。

リサ：家賃は変わるのですか。

サキ：家賃は変更がなく、今までどおり消費税込みで15万円の支払いです。

リサ：家賃の支払い方法はどのようになるのですか。

サキ：支払い先もこれまでと同様に管理会社Ｂ社のままなので、15万円をＢ社に支払います。

リサ：支払い先は変わらないのですね。

解説

1　図解のテーマ

この事例では、説明を受けた賃借ビルの賃貸人の変更について、ヒトとカネなどの流れを図解します。

2　図解の種類

この事例は、ヒトとカネなどの流れを図解することになりますので、フローチャートが適当ではないかと考えられます。

3　キーワードを拾い出す

キーワードを拾い出しやすくするために、会話をブロックごとに分けた上で、それぞれのブロックにどのようなキーワードがあるのか見ていきます。

サキ：当社の品川営業所は、乙ビルの102号室をＣ社から賃借していて、家賃はこのビルの管理会社Ｂ社に消費税込みで15万円支払っています。それが、乙ビルが譲渡されてビルの賃貸人が変わったと、Ｂ社から連絡がありました。賃貸借契約書はＣ社と交わしていました。

Ⓐ

リサ：ビルの新しい賃貸人はどのような方ですか。

サキ：**B** 今までは日本の法人Ｃ社でしたが、これがいわゆる非居住者のＤさんに変わるようです。このＤさんは香港に住んでいるようです。

リサ：家賃は変わるのですか。

サ**C** 家賃は変更がなく、今までどおり消費税込みで15万円の支払いです。

リサ：家賃の支払い方法はどのようになるのですか。

サ**D** 支払い先もこれまでと同様に管理会社Ｂ社のままなので、15万円をＢ社に支払います。

リサ：支払い先は変わらないのですね。

まず、Ａブロックからは、「甲社（当社）品川営業所」は「乙ビル102号室」を「Ｃ社」から「賃借」していることが分かります。そして、「乙ビル」は「Ｂ社」が「管理」しており、「甲社」は「家賃」として「Ｂ社」に「15万円（消費税込)」を「支払」っていることが分かります。「賃貸借契約書」は賃貸人の「Ｃ社」と「締結」していることが分かります。

次に、Ｂブロックからは、「乙ビル」の新しい賃貸人の情報として、日本の法人の「Ｃ社」から、「非居住者Ｄ」に「貸主変更」があったことが分かります。そしてこの「Ｄ」は「香港在住」であることが分かります。

Ｃブロックからは、「家賃」は賃貸人変更後も「15万円（消費税込)」のままで「変更なし」であることが分かります。

最後にＤブロックからは、「甲社」の「家賃」は「賃貸人変更後」も管理会社の「Ｂ社」に「15万円（消費税込）」を「支払」うことが分かります。

4 キーワードの分類

会話からブロックごとに拾い出したキーワードを、図解整理シートに当てはめてみると次のように整理することができます。なお、会話で明らかになっていない情報はブランクとしています。

一連番号	ブロック	トキ（いつ）	ヒト（誰が）	ヒト（誰の・から・に）	モノ（何を）	カネ（いくらで）	結果（どうした）	書類	データ
1	A		甲社品川営業所	C社	乙ビル102号室		賃借		
2	A		B社		乙ビル		管理		
3	A		甲社	B社	家賃	15万円（消費税込）	支払		
4	A		甲社	C社			締結	賃貸借契約書	
5	B		C社	非居住者D	乙ビル		貸主変更		
6	B		D				香港在住		
7	C				家賃	15万円（消費税込）	変更なし		
8	D	賃貸人変更後	甲社	B社	家賃	15万円（消費税込）	支払		

5 キーワードの関連付け

図解整理シートを見ると、ヒトについては甲社、甲社品川営業所、Ｂ社、日本の法人Ｃ社、非居住者のＤが登場します。これを基に左から右に展開するレイアウトにするとした場合には、左側に賃借人の甲社を、そして右側の上に旧賃貸人のＣ社を、その下に新賃貸人のＤを配置します。

また、この事例では日本と香港が関係しますので、国を区分する場合には、国境を表す曲線などで区分し、旗を表示すると分かりやすくなります。

なお、複数のアイコンを表示することになる場合には、中心的なヒトのアイコンを網掛けで囲むなどして目立たせます。この事例の場合、甲社が中心になりますので甲社を網掛けで囲みます。このようにして配置すると次のステップ①の図解が一例として考えられます。

ステップ①

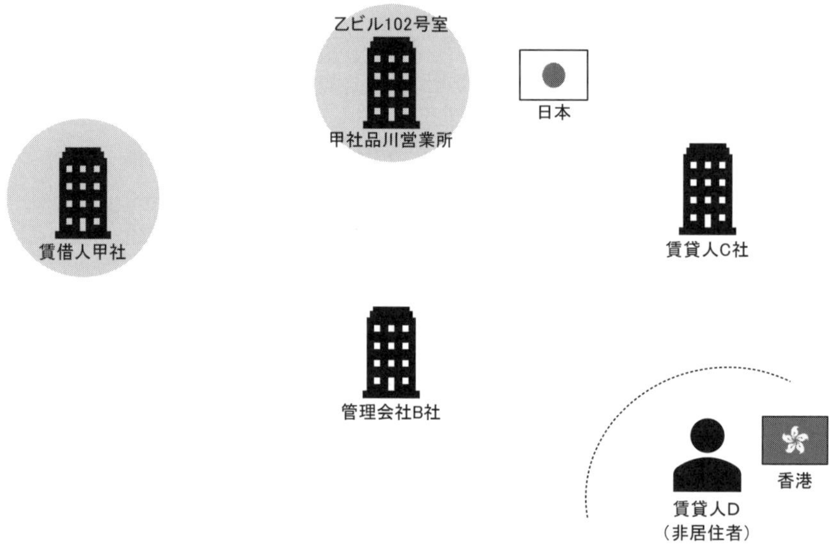

次に、甲社については、１番と４番を見ると、品川営業所は甲社の営業所とありますので、甲社と品川営業所の関係を矢印のない線でつなぎます。品川営業所が入っている乙ビル102号室は、Ｃ社から賃借していて、賃貸借契約書を締結しているとありますので、甲社とＣ社の契約関係は両端に矢印のある線でつなぎます。

また、２番と３番を見ると、甲社は、家賃を乙ビルの管理会社Ｂ社に支払っているとあります。甲社とＢ社の関係は、甲社からＢ社に向かう矢印でつなぎます。

なお、Ｂ社は家賃から自社の管理手数料を差し引いた金額を、Ｃ社に支払うと考えられますが、上記会話では明らかではありませんので、Ｂ社とＣ社の関係を示す矢印は点線としています。これらの関連付けを上記ステップ①の図解に追加すると次のステップ②のようになります。

ステップ②

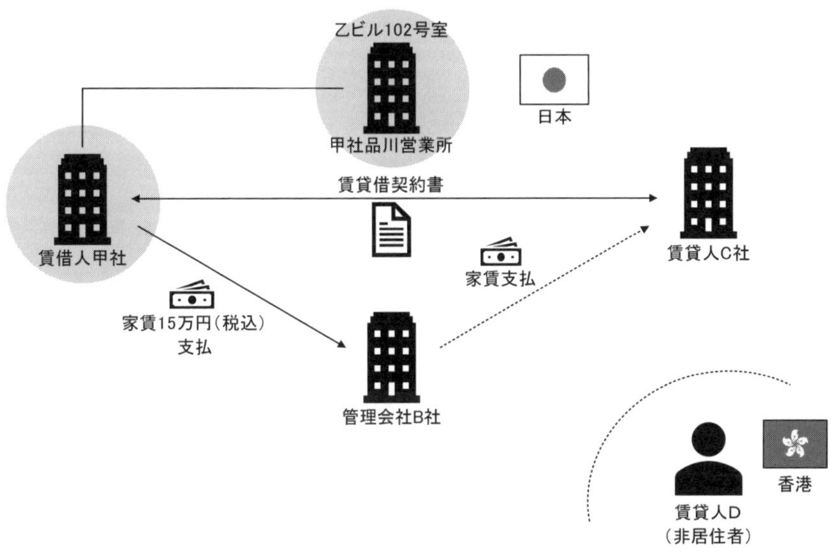

最後に、５番から８番を見ると、乙ビルの賃貸人がＣ社からＤに変わったとあります。家賃は賃貸人変更前と変わらず消費税込み15万円で、支払先もＢ社のままとなっています。Ｃ社とＤの関係については、賃貸人がＤに変わったということで、Ｃ社からＤに向かう矢印でつなぎます。

また、甲社が支払った家賃については、これまで同様にＢ社は自社の管理手数料を差し引いた金額をＤに支払うと考えられますが、上記会話では明らかではありませんので、Ｂ社とＤの関係を示す矢印は点線でつなぎます。なお、この点線と国境を表す点線は同じ種類の線になりますので、交差する箇所は一方の線を切って間を空けています。これらの関連付けを上記ステップ②の図解に追加すると次のステップ③のようになります。

ステップ③

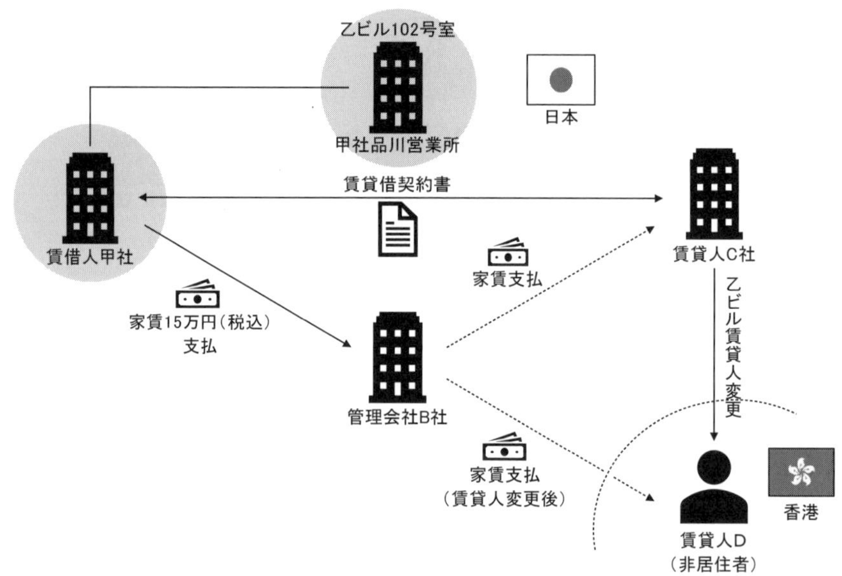

6 タイトルと情報源の表示

この図解は、甲社の品川営業所が入っている乙ビル102号室の賃貸人が、日本の法人Ｃ社から非居住者のＤに変わったことを表したものですので、タイトルは「乙ビル102号室の賃貸人が非居住者に変更」とし、左下の余白に情報源として「総務経理課社員サキさんの説明を基に作成」とします。これらを上記ステップ③の図解に表示することで完成した図解は次のステップ④のとおりです。

ステップ④

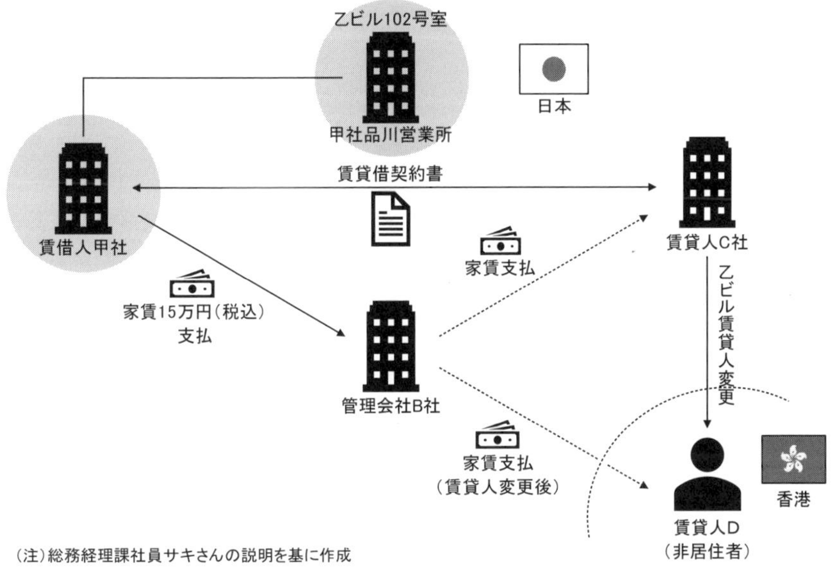

7　図解からの気付き

上記ステップ④の図解のようにフローチャートにしてみると、甲社、管理会社Ｂ社、旧賃貸人Ｃ社、そして新賃貸人Ｄとの関係が分かりやすくなりました。

では、この図解からはどのような点が気になるのか見てみると、例えば、家賃の支払先は国内のＢ社のままで変わりませんが、その先にある賃貸人が国内のＣ社から非居住者のＤに変わったということで、非居住者に対する支払いとして、家賃支払いの際に源泉徴収が必要ではないのか、また、源泉徴収が必要であるとした場合には、賃貸人変更後の家賃はいつから支払うのかという点が挙げられます。

なお、賃貸人が変わったことに伴う契約書は何があるのかという点もあります。このような疑問点について上記ステップ④の図解に追加してみると次のステップ⑤のようになります。

ステップ⑤

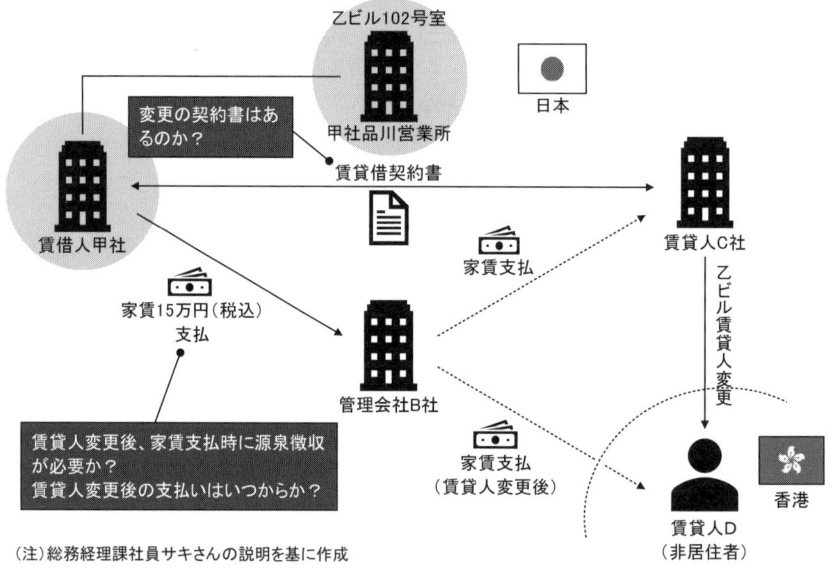

（注）総務経理課社員サキさんの説明を基に作成

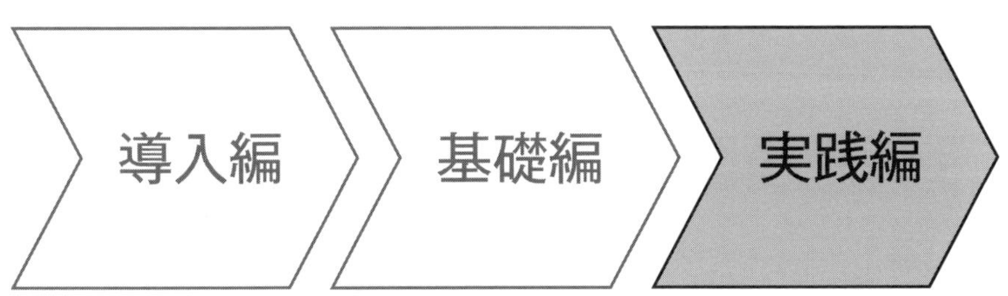
導入編
基礎編
実践編

ここからの実践編は、基礎編から少し難易度を上げて、実務で直面する場面を想定した事例を取り上げます。基礎編と同様に、各演習では図解の解答例を紹介しています。そしてその図解の作成手順とともに、図解することによって浮き彫りとなった疑問点なども紹介しています。

実践編では、家族名義預貯金等が被相続人の相続財産とは認められないとされた裁決例などを題材とした３問、そしてインボイス発行事業者でない事業者から仕入れた場合の消費税の税額計算を説明している会話などを題材とした２問、合計５問を取り上げました。この実践編で使用する図解は、次のようにフローチャートのほか、タイムフロー、関係図です。

では早速やってみましょう。

演習	題材	フローチャート	タイムフロー	YES/NO チャート	関係図	新旧対照表
1	裁決		○			
2		○			○	
3		○			○	
4	会話	○				
5		○				

実践演習 1

機械装置の引渡しの日がいつであるのかが争われた裁決例

使用する図解	タイムフロー

実践演習１の題材は、国税不服審判所裁決平成28年７月４日裁決事例集未登載（名裁（法・諸）平28-1、タインズＦ0-2-669）の要旨です。

この事例は法人税に関するもので、機械装置に係る減価償却費の損金算入に当たり、請負契約書において検収時に機械装置の引渡しがあったとされていることから、機械装置の引渡しを受けたのは設置の日ではなく、検収書を作成した日であるとして課税処分を受けたものです。この事例では、機械装置の引渡しの日がいつなのかが問題となっていますので、トキとモノなどの流れに注意して読んでみましょう。

なお、この事例では機械装置に係る特別償却準備金として積み立てた金額の損金算入や、消費税の仕入税額控除についても課税処分がされていますがここでは省略しています。

概要

本件は、審査請求人（以下「請求人」という。）が、法人税の所得金額の計算上、工場に設置した機械及び装置に係る減価償却費を損金の額に算入して平成24年４月１日から平成25年３月31日までの事業年度の法人税及び復興特別法人税の申告をしたところ原処分庁が、事業年度末までに当該機械及び装置の引渡しが行われておらずその減価償却費を算入できないとして法人税等の各更正処分等をしたことから、請求人が、各処分の全部の取消しを求めた事案である。

事実関係

イ　請求人は、菓子の製造及び販売等を目的とする資本金30,000,000円の株式会社である。

ロ　請求人は、平成24年８月21日頃、○○○○○○○○（以下「本件請負人」という。）に対し、○○○○○○○○○○○○○に所在する請求人の工場（以下「本件工場」という。）で使用するための機械及び装置である○○○○○○○○○○○○○（以下「本件機械装置」という。）の製造及び納入を注文した（以下「本件請負契約」という。）。

ハ　本件請負契約においては、これに先立ち請求人と本件請負人との間で締結された平成24年６月18日付の業務請負基本契約（同日付けの覚書による一部変更後のもの）があり、本件請負契約の請負代金は176,500,000円（消費税等を除く。）で、契約時に30％を、着工時に30％を、検収時に40％を支払うことが約された。

ニ　請求人は、本件請負人に対し、請負代金のうち、平成24年12月10日に契約時に支払うことを約した30％に相当する額を、平成25年１月10日に着工時に支払うことを約した30％に相当する額をそれぞれ支払った。

ホ　本件請負人は、平成25年２月までに、本件機械装置を本件工場に設置した。

ヘ　請求人は、本件機械装置の試運転の結果、一部の不具合（○○

○○○○○○○○○○○等）を除いて良好であると認められたので、平成25年５月27日、当該不具合が解消されることを条件として検収する旨を記載した検収書を作成して押印し、その後本件検収書を本件請負人に交付した。

ト　請求人は、本件請負人に対し、平成25年７月10日に請負代金のうち検収時に支払うことを約した40％に相当する額を支払った。

解 説

1　図解のテーマ

この事例では、機械装置の引渡しの日がいつなのかが問題となっていますので、機械装置の請負契約から設置、検収に至る流れについて図解します。

2　図解の種類

この事例は、機械装置の引渡しの日などを時系列で図解することになりますので、タイムフローが適当ではないかと考えられます。

3　キーワードを拾い出す

キーワードを拾い出しやすくするために、事実関係をブロックごとに分けた上で、トキとモノなどの流れについて、それぞれのブロックにどのようなキーワードがあるのか見ていきます。

事実関係

イ　請求人は、菓子の製造及び販売等を目的とする資本金30,000,000

円の株式会社である。

ロ　請求人は、平成24年８月21日頃、○○○○○○○○（以下「本件請負人」という。）に対し、○○○○○○○○○○○○○に所在する請求人の工場（以下「本件工場」という。）で使用するための機械及び装置である○○○○○○○○○○○○○（以下「本件機械装置」という。）の製造及び納入を注文した（以下「本件請負契約」という。）。

ハ　本件請負契約においては、これに先立ち請求人と本件請負人との間で締結された平成24年６月18日付の業務請負基本契約（同日付けの覚書による一部変更後のもの）があり、本件請負契約の請負代金は176,500,000円（消費税等を除く。）で、契約時に30％を、着工時に30％を、検収時に40％を支払うことが約された。

ニ　請求人は、本件請負人に対し、請負代金のうち、平成24年12月10日に契約時に支払うことを約した30％に相当する額を、平成25年１月10日に着工時に支払うことを約した30％に相当する額をそれぞれ支払った。

ホ　本件請負人は、平成25年２月までに、本件機械装置を本件工場に設置した。

ヘ　請求人は、本件機械装置の試運転の結果、一部の不具合（○○○○○○○○○○○○○等）を除いて良好であると認められたので、平成25年５月27日、当該不具合が解消されることを条件として検収する旨を記載した検収書を作成して押印し、その後本件検収書を本件請負人に交付した。

ト　請求人は、本件請負人に対し、平成25年７月10日に請負代金のうち検収時に支払うことを約した40％に相当する額を支払った。

まず、Ａブロックからは、「平成24年８月21日頃」に、「請求人」は「請負人」に対し、自社の工場で使用する「機械装置」の「製造納入を注文」していることが分かります。

次に、Ｂブロックからは、機械装置の納入に先立ち、「平成24年６月18日」付で、「請求人」と「請負人」との間で「業務請負基本契約（覚書で変更後)」が「締結」されていることが分かります。「請負代金」は「176,500,000円（税抜)」で、支払条件は、「契約時」に「請負代金の30％を支払」い、「着工時」に「請負代金の30％を支払」い、そして「検収時」に「請負代金の40％を支払」うと約されています。

Ｃブロックからは、請負代金の支払状況が分かります。「平成24年12月10日」には「契約時」に支払うこととしている「請負代金の30％を支払」い、「平成25年１月10日」には「着工時」に支払うこととしている「請負代金の30％を支払」ったとされています。

Ｄブロックからは、機械装置の設置状況が分かります。日にちの詳細は明らかではありませんが、「機械装置」は「平成25年２月までに」工場に「設置」されています。

Ｅブロックからは、機械装置の検収状況が分かります。機械装置の試運転の結果、一部の不具合を除いて良好であるとされています。そして、その「不具合解消を条件」として、「平成25年５月27日」に「検収書」を「作成」して請負人に交付したとされています。

最後にＦブロックからは、請負代金の支払状況が分かります。「平成25年７月10日」に「検収時」に支払うこととしている「請負代金の40％を支払」ったとされていますので、この時点で請負代金の全額を支払ったことになります。

4 キーワードの分類

事実関係からブロックごとに拾い出したキーワードを、図解整理シートに当てはめてみると次のように整理することができます。なお、事実関係で明らかになっていない情報はブランクとしています。

一連番号	ブロック	トキ	ヒト		モノ	カネ	結果	書類	データ
		（いつ）	（誰が）	（誰の・から・に）	（何を）	（いくらで）	（どうした）		
1	A	平成24年8月21日頃	請求人	請負人	機械装置		製造納入を注文		
2	B	平成24年6月18日	請求人	請負人		請負代金176,500,000円（税抜）		業務請負基本契約締結（覚書で変更後）	
3	B	契約時					請負代金の30%支払を約す		
4	B	着工時					請負代金の30%支払を約す		
5	B	検収時					請負代金の40%支払を約す		
6	C	平成24年12月10日					（契約時の）請負金額の30%支払		
7	C	平成25年1月10日					（着工時の）請負代金の30%支払		
8	D	平成25年2月までに			機械装置		設置		
9	E	平成25年5月27日					不具合解消を条件に作成	検収書	
10	F	平成25年7月10日					（検収時の）請負代金の40%支払		

5 キーワードの関連付け

この事例ではトキとモノの流れをタイムフローで表します。

図解整理シートを見ると、日付として一番古いのは２番の平成24年６月18日の業務請負基本契約を締結した時となりますので、これをスタートとして左端に配置します。

次に、１番を見ると、平成24年８月21日頃に機械装置の製造納入を注文しているとありますので、これを右隣りに配置します。そして、６番から10番までを日付順に右側に配置していきます。このようにして配置すると次のステップ①の図解が一例として考えられます。

ステップ①

この事例は、平成24年４月１日から平成25年３月31日までの事業年度の法人税等の申告が課税処分の対象となっていますので、平成25年３月31日が事業年度末日であることを上記ステップ①の図解に追加すると次のステップ②のようになります。なお、事業年度末日の平成25年３月31日は、他の情報と区分するために線の太さを変えています。

ステップ②

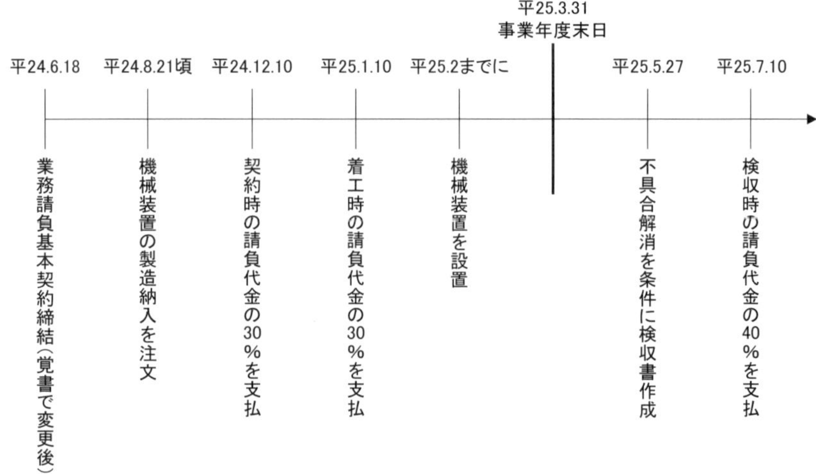

6 タイトルと情報源の表示

この事例は、機械装置の引渡しの日がいつなのかが問題となっていますので、タイトルは「機械装置の引渡しを受けた日はいつか」とし、左下の余白に情報源として「国税不服審判所裁決平成28.7.4裁決事例集未登載（名裁（法・諸）平28-1、タインズ F0-2-669）を基に作成」とします。これらを上記ステップ②の図解に表示することで完成した図解は次のステップ③のとおりです。

ステップ③

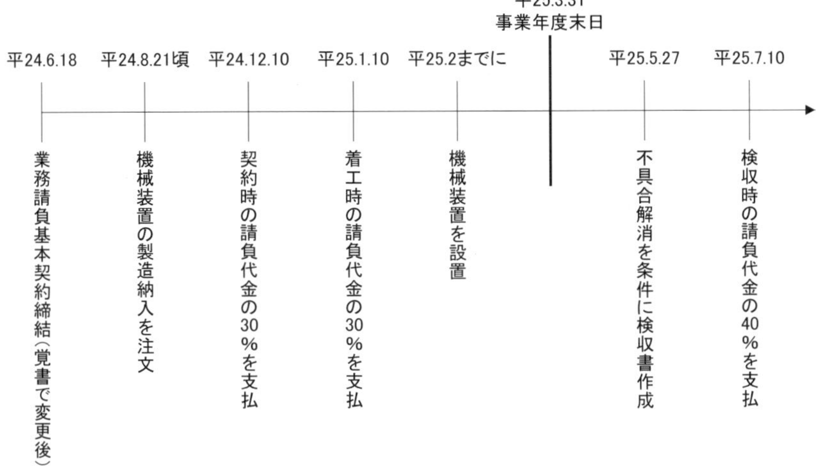

（注）国税不服審判所裁決平成28.7.4裁決事例集未登載（名裁（法・諸）平28-1、タインズF0-2-669）を基に作成

7　図解からの気付き

上記ステップ③の図解のようにタイムフローにしてみると、機械装置の設置に関する業務請負基本契約を締結してから、請負代金の最終支払いに至るまでの時系列の流れが分かりやすくなりました。

では、この図解からはどのような点が気になるのか見てみると、この事例では機械装置の引渡しの日がいつであるのかが問題となっていましたので、その判断に当たって必要と考えられる情報があります。例えば、検収書が発行される条件はどのようになっているのか、検収と引渡しはどのような関係になっているのかといった点が挙げられます。

また、請負代金の請求の締め日と支払期限はどのようになっているのか、例えば代金の支払条件が月末締め請求の翌々月10日支払いであったとすると、請求人が検収時に支払うとしていた最終代金を平成25年７月10日に支払った場合には、検収があったのは少なくとも前々月の平成25年５月であると推測されるため、請求日と支払い期限の関係は確認しておきたい点と言えます。このような疑問点をステップ③の図解に追加すると次のステップ④のようになります。

ステップ④

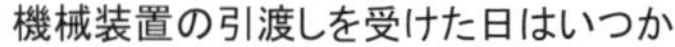

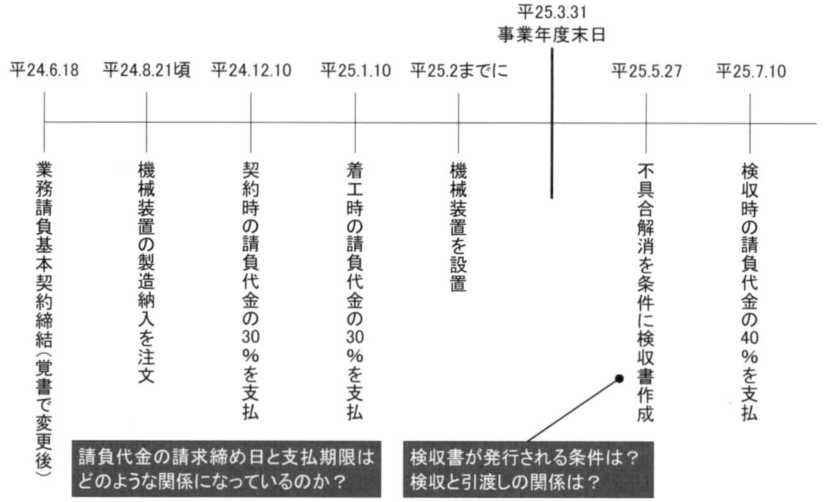

（注）国税不服審判所裁決平成28.7.4裁決事例集未登載（名裁（法・諸）平28-1、タインズF0-2-669）を基に作成

実践演習 2

請求人の従業員による仮装・隠ぺい行為が請求人の行為とは認められないとされた裁決例

使用する図解	関係図、フローチャート

実践演習２の題材は、国税不服審判所裁決令和元年10月４日裁決事例集№117（東裁（法・諸）令元-28）の要旨です。

この事例は法人税に関するもので、請求人の従業員による仮装・隠ぺい行為が請求人による仮装・隠ぺい行為に該当するとして重加算税等の課税処分を受けたところ、従業員の行為が請求人の行為とは認められないとして一部処分が取消された裁決例です。

この事例では、請求人の組織構造や従業員の事務手続などが問題となっていますので、ヒトと書類などの流れに注意して読んでみましょう。

概要

本件は、審査請求人（以下「請求人」という。）が損金の額に算入した外注費のうち、下請業者への工事発注業務等を担当していた請求人の従業員Ｇが親族名義の口座に振り込ませた金員について、原処分庁が、架空外注費であり、当該従業員による上記行為は納税者による隠ぺい又は仮装に該当するとして、法人税等に係る重加算税の各賦課決定処分を行ったのに対し、請求人が、当該従業員による上記行為は納税者による隠ぺい又は仮装に該当しないことなどを理由として、原処分の全部の取消しを求めた事案である。

事実関係

イ　請求人について

請求人は、昭和○年○月○日に設立された、主に建物の総合管理の請負を目的とする法人である。

ロ　請求人のエンジニアリング事業本部エンジニアリング部について

(イ)　請求人のエンジニアリング事業本部エンジニアリング部（以下「エンジニアリング部」という。）は、請求人が管理を請け負うビルの所有者やテナント等から、建物設備の更新工事やテナントの入退去に伴う内装工事等を請け負うことを主たる業務としている。

(ロ)　エンジニアリング部の従業員数は、本件各事業年度を通じて18名であった。そのうち、部長及び経理主任を除く16名は従業員（以下「各担当者」という。）である。

ハ　エンジニアリング部の事務手続の概要について

(イ)　工事受注に際しては、各担当者が下請業者を選定した上で、施主宛の見積書を作成し、エンジニアリング事業本部長及びエンジニアリング部長（以下、両者を併せて「本部長及び部長」という。）の決裁を受ける。

(ロ)　工事受注後、各担当者が受注伝票を作成し、本部長及び部長の決裁を受ける。受注伝票には、契約金額、見積原価、粗利、原価率、工事名、施工ビル名等とともに、下請業者名と当該下請業者が担当する工事の内容及び金額が記載されている。

(ハ)　工事完了後、各担当者が工事完了報告書、請求書及び売上伝票を作成し、本部長及び部長の決裁を受ける。

（ニ）　下請業者からの請求書については、各担当者が確認した後、本部長及び部長の支払承認決裁を受けた上で経理部に回付され、当該請求書に基づき下請業者に請負代金が支払われる。

解説

1　図解のテーマ

この事例では、従業員による仮装・隠ぺい行為が問題となっていますので、従業員の権限や事務手続の流れについて図解します。

2　図解の種類

この事例は、まず請求人内における従業員の位置付けを図解することになりますので、関係図（組織図）が適当ではないかと考えられます。また、事務手続の流れについては、フローチャートが適当ではないかと考えられます。

3　キーワードを拾い出す

キーワードを拾い出しやすくするために、事実関係をブロックごとに分けた上で、会社組織と事務手続について、それぞれのブロックにどのようなキーワードがあるのか見ていきます。

事実関係

イ　請求人について

請求人は、昭和○年○月○日に設立された、主に建物の総合管理の請負を目的とする法人である。

ロ　請求人のエンジニアリング事業本部エンジニアリング部について

A (イ)　請求人のエンジニアリング事業本部エンジニアリング部（以下「エンジニアリング部」という。）は、請求人が管理を請け負うビルの所有者やテナント等から、建物設備の更新工事やテナントの入退去に伴う内装工事等を請け負うことを主たる業務としている。

B (ロ)　エンジニアリング部の従業員数は、本件各事業年度を通じて18名であった。そのうち、部長及び経理主任を除く16名は従業員（以下「各担当者」という。）である。

ハ　エンジニアリング部の事務手続の概要について

C (イ)　工事受注に際しては、各担当者が下請業者を選定した上で、施主宛の見積書を作成し、エンジニアリング事業本部長及びエンジニアリング部長（以下、両者を併せて「本部長及び部長」という。）の決裁を受ける。

D (ロ)　工事受注後、各担当者が受注伝票を作成し、本部長及び部長の決裁を受ける。受注伝票には、契約金額、見積原価、粗利、原価率、工事名、施工ビル名等とともに、下請業者名と当該下請業者が担当する工事の内容及び金額が記載されている。

E (ハ)　工事完了後、各担当者が工事完了報告書、請求書及び売上伝票を作成し、本部長及び部長の決裁を受ける。

F (ニ)　下請業者からの請求書については、各担当者が確認した後、本部長及び部長の支払承認決裁を受けた上で経理部に回付され、当該請求書に基づき下請業者に請負代金が支払われる。

まず、Aブロックからは、請求人の組織構造が分かります。請求人には「エンジニアリング事業本部」があり、その中に「エンジニアリング部」があることが分かります。そして「エンジニアリング部」は、請求人が管理を請け負うビルの「内装工事等」を請け負うことが主たる業務であることが分かります。

次に、Bブロックからは、エンジニアリング部の従業員数は18名で、内訳は「部長」、「経理主任」と、これらを除く従業員である「担当者」が「16名」であることが分かります。この事例の行為者は、冒頭の概要欄に従業員Gとありますので、ここでは「担当者G」としておきます。そうしますと担当者Gを除く「他の担当者」は「15名」となります。

Cブロックからは、「エンジニアリング事業本部」には「本部長」がいることが分かります。また、エンジニアリング部における事務手続について、「工事受注前」の手続としては、受注に当たり「担当者」が「下請業者」を「選定」して、「施主」宛の「見積書」を「作成」し、エンジニアリング事業本部の「本部長」とエンジニアリング部の「部長」の「決裁」を受けることが分かります。

Dブロックからは、「工事受注後」の事務手続としては、「担当者」が「受注伝票」を作成して、「本部長」と「部長」の「決裁」を受けること、そしてその「受注伝票」には、「契約金額、見積原価、粗利、原価率、工事名、施工ビル名等」とともに、「下請業者名、下請工事内容、下請金額」が記載されていることが分かります。

なお、工事受注後の次の段階である工事中の事務手続については明らかにされていません。

Eブロックからは、「工事完了後」の事務手続としては、「担当者」が「工事完了報告書、請求書、売上伝票」を「作成」して、「本部長」と

「部長」の「決裁」を受けることが分かります。

最後にＦブロックからは、「下請業者」からの「請求書」は、「担当者」が「内容確認」した後に、「本部長」と「部長」の「支払承認決裁」を受けた上で「経理部」に「回付」されます。そして、その請求書に基づいて「下請業者」に「請負代金」が「支払」われることが分かります。下請業者からの請求書は、どのタイミングで発行されるのかが明らかではありませんが、工事完了後に発行されるものと考えられます。

4 キーワードの分類

事実関係からブロックごとに拾い出したキーワードを、図解整理シートに当てはめてみると次のように整理することができます。

なお、この事例では組織図とフローチャートで図解することになります。組織図では、基礎演習４の図解整理シートを使用して、キーワードを当てはめていきます。また、事実関係で明らかになっていない情報はブランクとしています。

（1）組織図

一連番号	ブロック	場所	部署	業務	責任者	名前	人数
1	A		エンジニアリング事業本部				
2	A		エンジニアリング部	内装工事等			
3	B		エンジニアリング部		部長		
4	B		エンジニアリング部			経理主任	
5	B		エンジニアリング部			他の担当者	15名
6	B		エンジニアリング部			担当者G	
7	C		エンジニアリング事業本部		本部長		

（2）フローチャート

一連番号	ブロック	トキ（いつ）	ヒト（誰が）	ヒト（誰の・から・に）	モノ（何を）	カネ（いくらで）	結果（どうした）	書類	データ
1	C	工事受注前	担当者	下請業者			選定		
2	C	工事受注前	担当者	施主			作成	見積書	
3	C	工事受注前	担当者	本部長、部長			決裁	見積書	
4	D	工事受注後	担当者	本部長、部長			決裁	受注伝票	
5	D	工事受注後			契約金額、見積原価、粗利、原価率、工事名、施工ビル名等、下請業者名、下請工事内容、下請金額			受注伝票	
6	E	工事完了後	担当者				作成	工事完了報告書、請求書、売上伝票	
7	E	工事完了後	担当者	本部長、部長			決裁	工事完了報告書、請求書、売上伝票	
8	F	工事完了後	担当者	下請業者			内容確認	請求書	
9	F	工事完了後	担当者	本部長、部長			支払承認決裁	請求書	
10	F	工事完了後	担当者	経理部			回付	請求書	
11	F	工事完了後	経理部	下請業者	請負代金		支払		

5　キーワードの関連付け

（1）組織図

まず、エンジニアリング事業本部エンジニアリング部の組織を組織図で表します。上記４（１）の組織図用の図解整理シートを基に、１番と２番からエンジニアリング事業本部と、その下にエンジニアリング部を配置し、エンジニアリング部の業務内容も表示します。そして、３番と７番から各部署の責任者も表示します。このようにして配置すると次のステップ①の図解が一例として考えられます。

なお、エンジニアリング事業本部には、他の部署があるか明らかではありませんが、何らかの部署があると考えられますのでエンジニアリング事業本部から下に向かう線は左右に分けています。

ステップ①

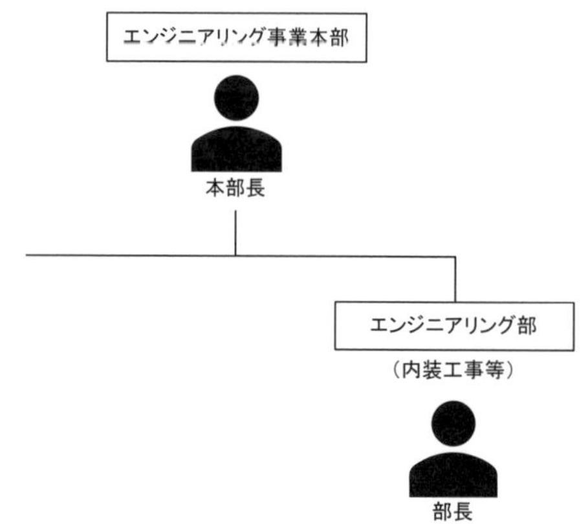

次に、４番から６番を見ると、エンジニアリング部に所属する従業員の名前と人数が分かりますので、これを配置します。複数のアイコンを表示することになる場合には、中心的なヒトのアイコンを網掛けで囲むなどして目立たせます。この事例では担当者Ｇを網掛けで囲みます。また、担当者Ｇ以外の担当者15名については、個々のアイコンにはせず便宜上複数人を表したアイコンを使用します。このようにして上記ステップ①の図解に配置すると次のステップ②のようになります。

ステップ②

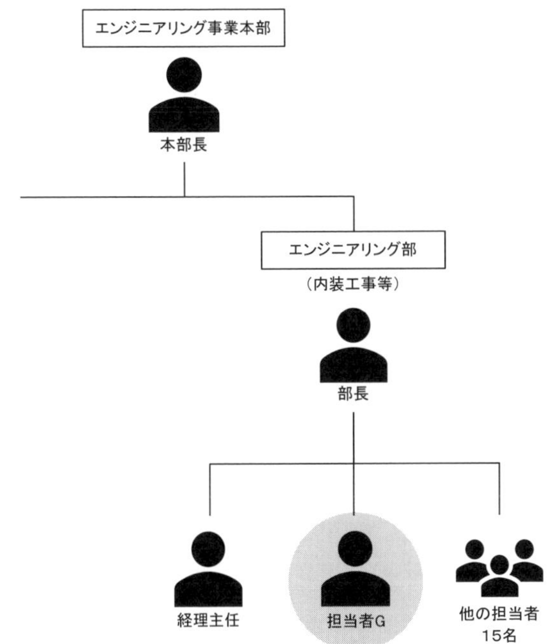

（2）フローチャート

次に、上記４（２）のフローチャート用の図解整理シートからは、まず事務手続を行うヒトに注目する必要があります。１番から順に見ていくと、担当者、下請業者、施主、本部長、部長、経理部が登場しますので、これをフローチャートの上部に配置します。配置に当たっては、Gを含む担当者が中心的なヒトになりますのでこれをセンターに配置し、支払先に当たる下請業者はその左側に、右側には売上先に当たる施主を配置します。また、ヒトとヒトの間は、点線などで区切ると分かりやすくなります。

請求人の部署については、決裁を受ける本部長と部長を担当者の右側に配置します。決裁は通常下位の部長から上位の本部長の順に受けることになりますので、担当者の右隣りに部長を、その右隣りに本部長の順で配置します。経理部は担当者と下請業者の間に配置します。

このようにして配置すると次のステップ③の図解が一例として考えられます。

ステップ③

【下請業者】　【経理部】　【担当者】　【エンジニアリング部長】　【エンジニアリング事業本部長】　【施主】

次に、各タイミングでどのような事務手続があるのか見ていきます。

まず、１番から３番までが工事受注前の事務手続となっています。見積依頼とそれに伴う下請業者の選定について施主と担当者の関係は、施主から担当者に向かう矢印でつなぎます。その次の事務手続は施主あての見積書を作成して本部長と部長の決裁を受けますので、それぞれを矢印でつなぎます。決裁を受けた見積書は施主への矢印でつなぎます。

これを上記ステップ③の図解に追加すると次のステップ④のようになります。トキに関する情報は工事受注前として左端に表示しています。

ステップ④

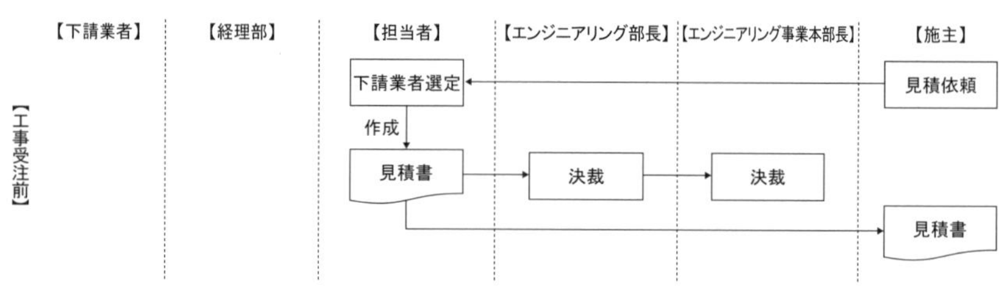

次に、４番から５番を見ると工事受注後の事務手続が分かります。見積もりを出した施主から工事受注があった場合の関係は、施主から担当者に向かう矢印でつなぎます。そして、工事受注後の事務手続は担当者が受注伝票を作成して本部長と部長の決裁を受けますので、それぞれを矢印でつなぎます。受注伝票の記載内容は受注伝票の横に表示します。

これを上記ステップ④の図解に追加すると次のステップ⑤のようになります。トキに関する情報は工事受注後として左端に表示しています。

ステップ⑤

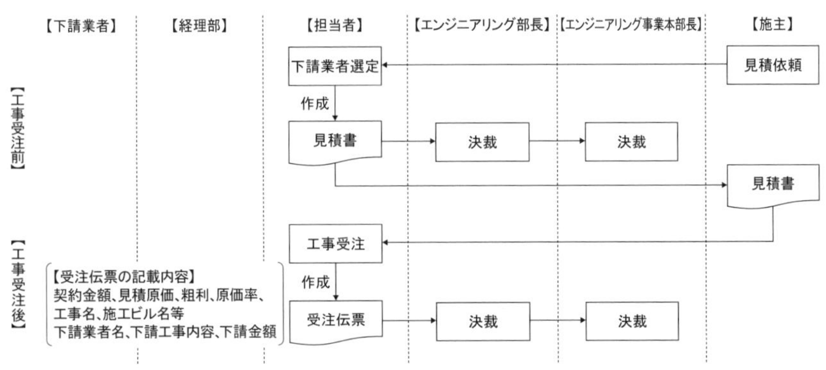

次に、６番から11番を見ると、工事完了後の事務手続が分かります。担当者は工事完了報告書、請求書、売上伝票を作成して本部長と部長の決裁を受けますので、それぞれを矢印でつなぎます。

そして、下請業者から提出された請求書の内容は、担当者が確認して本部長と部長に支払承認の決裁を受けます。その後請求書は経理部に回付され下請業者に請負代金が支払われることになりますので、それぞれを矢印でつなぎます。これらを上記ステップ⑤の図解に追加すると次のステップ⑥のようになります。トキに関する情報は工事完了後として左端に表示しています。

これまで工事受注前、工事受注後、工事完了後の３つのタイミングにおける事務手続を表しましたが、それぞれの事務手続を区分するために、タイミングごとに網掛けを付けるなどすると分かりやすくなります。

ステップ⑥

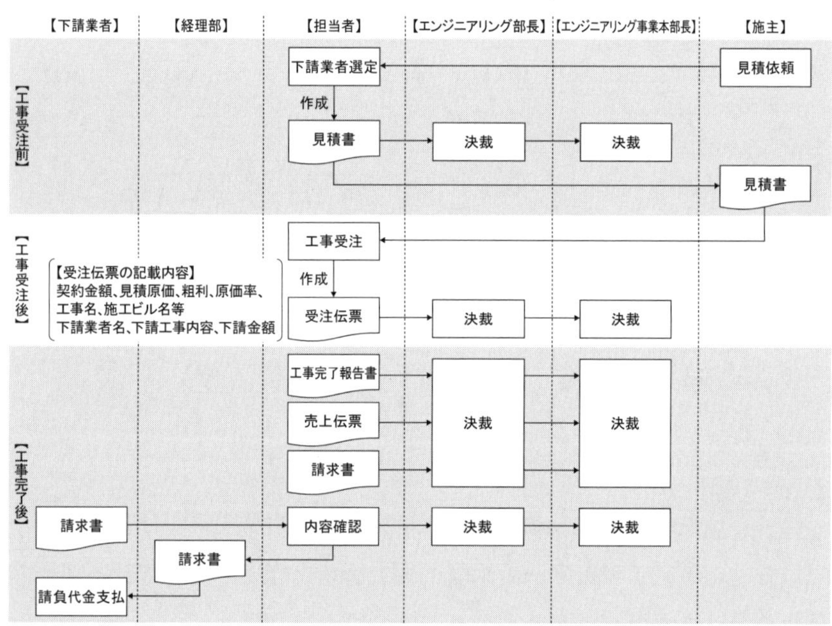

6　タイトルと情報源の表示

（1）組織図

上記ステップ②の図解は、エンジニアリング事業本部エンジニアリング部の会社組織を表したものですので、タイトルは「エンジニアリング事業本部エンジニアリング部の組織図」とし、左下の余白に情報源として「国税不服審判所裁決令和元年10月４日裁決事例集№117（東裁（法・諸）令元-28）を基に作成」とします。これらをステップ②の図解に表示することで完成した図解は次のステップ⑦のとおりです。

ステップ⑦

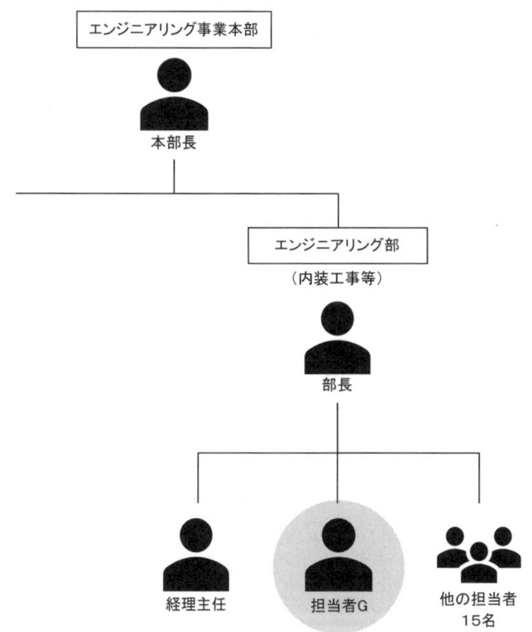

（2）フローチャート

上記ステップ⑥の図解は、エンジニアリング部における工事受注から工事完了までにおける事務手続を表したものですので、タイトルは「エンジニアリング部における事務手続の流れ」とし、左下の余白には組織図と同様に情報源として「国税不服審判所裁決令和元年10月４日裁決事例集№117（東裁（法・諸）令元-28）を基に作成」とします。これらをステップ⑥の図解に表示することで完成した図解は次のステップ⑧のとおりです。

ステップ⑧

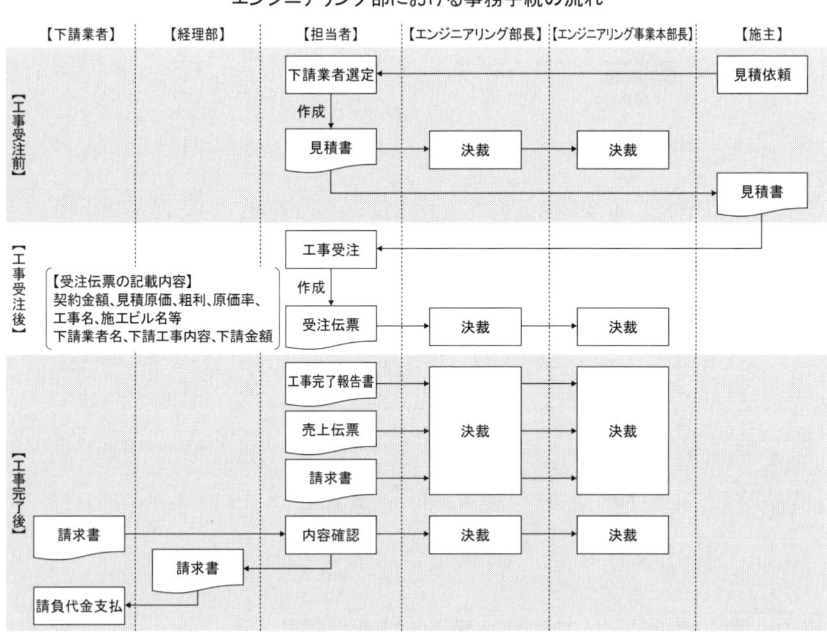

(注)国税不服審判所裁決令和元年10月４日裁決事例集№117(東裁(法・諸)令元-28)を基に作成

7　図解からの気付き

（１）組織図

上記ステップ⑦の図解のように組織図にしてみると、担当者Ｇの位置関係が分かりやすくなりました。

では、この図解からはどのような点が気になるのか見てみると、この事例では担当者Ｇが架空外注費を計上するといった仮装・隠ぺい行為を行っていたとされています。このような場合は重加算税の賦課などが考えられるところですが、重加算税の賦課に当たっては、従業員の行為が雇用主である法人の行為と評価できるのか否かがポイントになるとされています。そうしますと、会社組織の面からは、例えば、担当者Ｇに部下はいるのか、いつからエンジニアリング部に在籍しているのかなどＧの経歴はどうか、また、Ｇの業務の範囲や権限はどのようになっているのかは気になる点と言えます。このような疑問点を上記ステップ⑦の図解に追加すると次のステップ⑨のようになります。

ステップ⑨

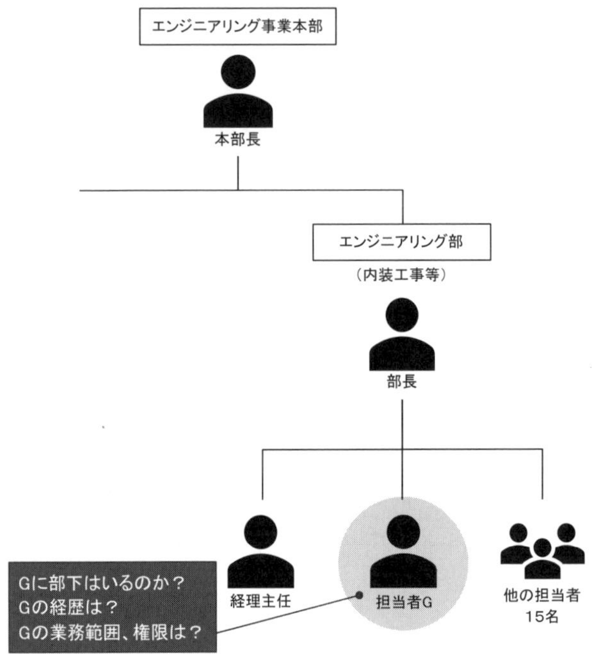

（注）国税不服審判所裁決令和元年10月4日裁決事例集No.117（東裁（法・諸）令元−28）を基に作成

（2）フローチャート

上記ステップ⑧の図解のようにフローチャートにしてみると、担当者の事務手続が分かりやすくなりました。

では、この図解からはどのような点が気になるのか見てみると、一般的に従業員の行為が雇用主である法人の行為と評価できるのか否かについては、内部けん制の面からの検討も必要であるとされています。そうしますと、担当者が行う事務手続について、決裁権者はどのようなチェックをしているのかは気になる点と言えます。

そこで各タイミングにおける事務手続を見ていくと、まず工事受注前においては、下請業者の選定に当たり何らかの決裁を受けているのか、施主に提出する見積書の決裁時に下請業者から提出された見積書は確認しているのかといった点が挙げられます。工事中の事務手続は明らかにされていませんが、工事中における下請業者の実態や施工状況は確認しているのかといった点もあります。

また、工事完了後においては、支払承認決裁の時に下請業者から提出された請求書は確認しているのかといった点もあります。このような疑問点を上記ステップ⑧の図解に追加すると次のステップ⑩のようになります。

ステップ⑩

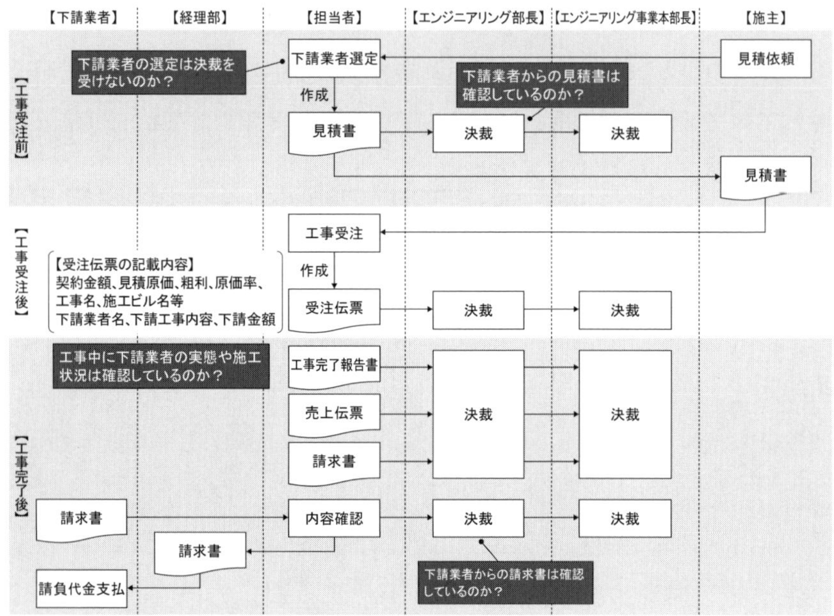

（注）国税不服審判所裁決令和元年10月4日裁決事例集No.117（東裁（法・諸）令元-28）を基に作成

※拡大版は166～167ページに掲載

エンジニアリング部における事務手続の流れ

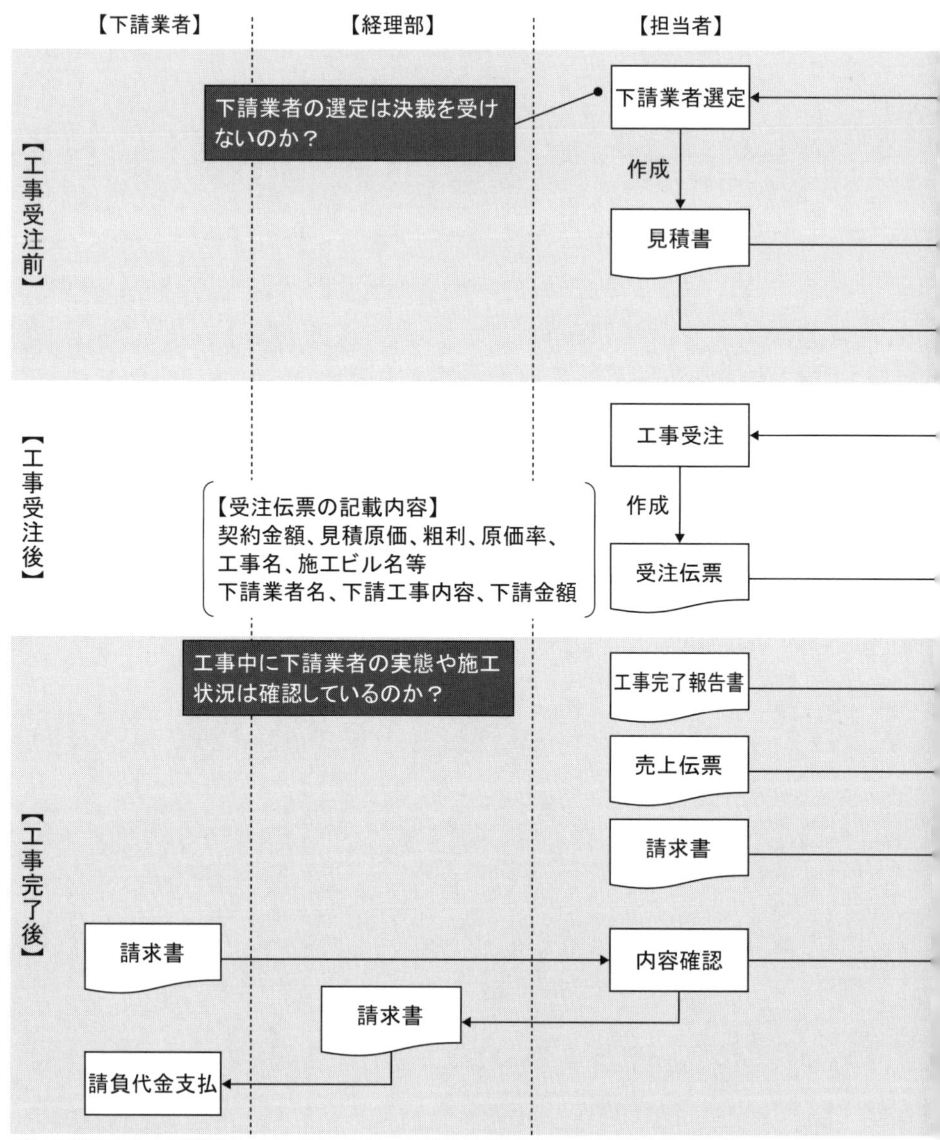

（注）国税不服審判所裁決令和元年10月４日裁決事例集No.117（東裁（法・諸）令元−28）を基に作成

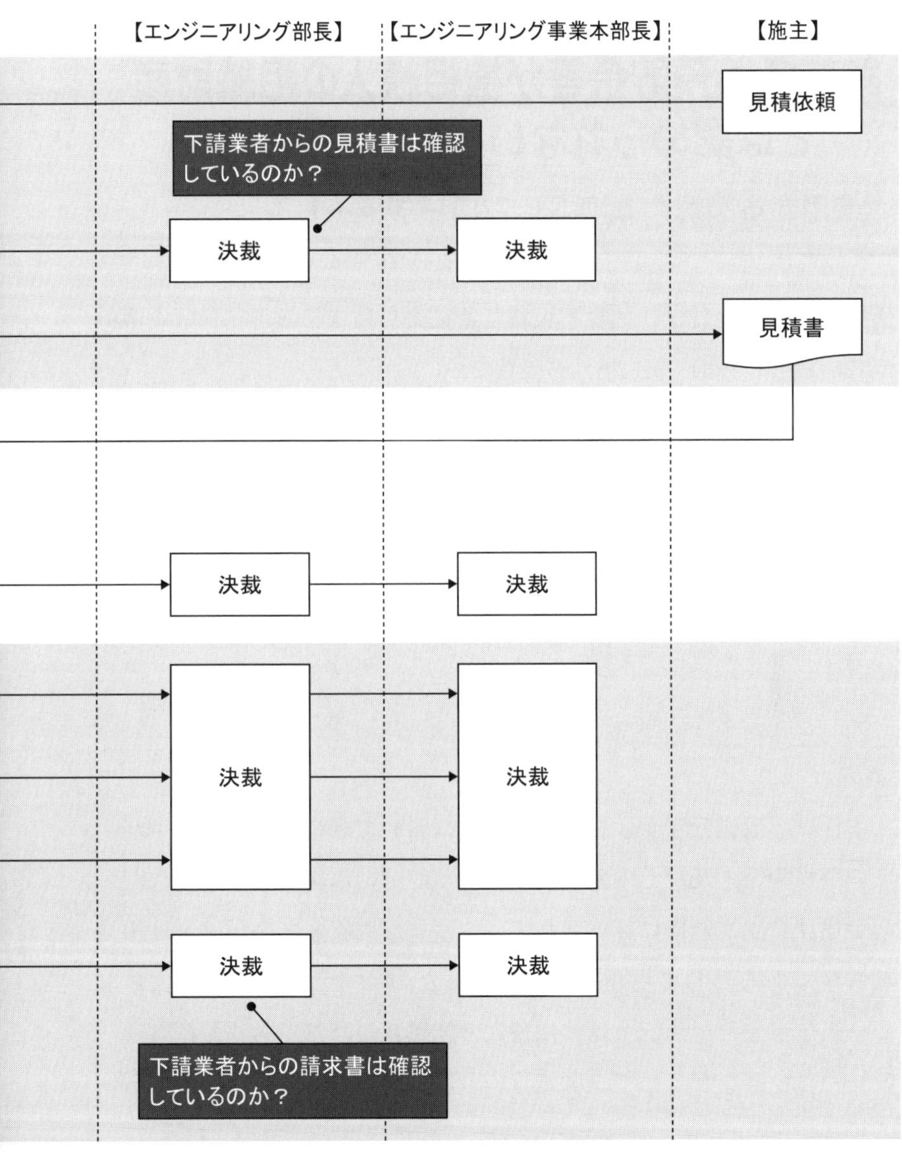
【エンジニアリング部長】
【エンジニアリング事業本部長】
【施主】
見積依頼
下請業者からの見積書は確認
しているのか？
決裁
決裁
見積書
決裁
決裁
決裁
決裁
決裁
決裁
下請業者からの請求書は確認
しているのか？

実践演習 3

家族名義預貯金等が被相続人の相続財産とは認められないとされた裁決例

使用する図解	関係図、フローチャート

実践演習３の題材は、国税不服審判所裁決令和４年２月15日裁決事例集No.126（名裁（諸）令3-26）の要旨です。

この事例は相続税に関するもので、相続税申告書に計上された預貯金口座から出金した現金のほか、配偶者等家族名義の預貯金は、いずれも被相続人に帰属する相続財産とは認められないとされた裁決例です。

この事例では、現金や家族名義預貯金が被相続人に帰属する相続財産であるのかが問題となっていますので、ヒトとカネの流れに注意して読んでみましょう。

概要

本件は、原処分庁が、相続税の申告において課税価格に算入されていた被相続人及びその家族名義の各預貯金の口座から出金された現金並びに課税価格に算入されていなかった家族名義の預貯金は相続財産であるとして更正処分等を行ったのに対し、審査請求人らが、当該現金及び預貯金は被相続人の配偶者の財産であり相続財産に当たらないなどとして、原処分の全部の取消しを求めた事案である。

事実関係

イ　K（以下「本件被相続人」という。）は、平成30年２月○日（以下「本件相続開始日」という。）に死亡し、本件被相続人に係る相続（以下「本件相続」という。）が開始した。

本件相続に係る共同相続人は、本件被相続人の配偶者であるL（以下「本件配偶者」という。）、本件被相続人の長男であるH（以下「本件長男」という。）及び本件被相続人の二男であるM（以下「本件二男」といい、本件配偶者及び本件長男を併せて「請求人ら」という。）の３名である。

ロ　本件配偶者は、平成26年２月12日から本件相続開始日までの間に、①本件被相続人名義であるN銀行の○○○○、②P信用金庫○○支店の普通預金（口座番号○○○○）、③Q銀行○○支店の普通預金（口座番号○○○○）、④本件配偶者名義であるN銀行の○○○○、⑤本件長男名義であるR銀行○○支店の普通預金（口座番号○○○○）及び⑥本件二男名義であるR銀行○○支店の普通預金（口座番号○○○○）の各預貯金の口座から、合計85,774,000円を現金で引き出した（以下、この引き出した行為を「本件出金」という。）。

ハ　請求人らは、本件相続に係る相続税（以下「本件相続税」という。）について、申告書（以下「本件申告書」という。）を法定申告期限までに原処分庁へ提出した（以下、本件申告書の提出による申告を「本件申告」という。）。

なお、本件配偶者及び本件二男は、税理士である本件長男に税務代理を委任していた。

ニ　本件申告書には、本件相続に係る相続財産として、本件出金により引き出された現金（以下「本件出金現金」という。）の一部である現金6,000,000円（以下「本件申告計上現金」という。）が計上されていた。

また、本件申告書には、本件相続に係る相続財産として、本件被相続人名義の預貯金（上記ロの①ないし③の各預貯金口座の預貯金を含む。）の合計47,529,896円のほか、本件配偶者名義の預貯金（上記ロの④の○○○○を含む。）の小計86,867,241円、本件長男名義の預金（上記ロの⑤の預金口座の預金を含む。）の小計19,514,336円、本件二男名義の預金（上記ロの⑥の預金口座の預金を含む。）の小計20,463,220円及び本件長男の長女（以下「本件孫」という。）名義の預金の小計14,695,398円（以下、これらの請求人ら名義及び本件孫名義の預貯金を併せて「本件名義預貯金」という。本件名義預貯金の合計金額は、141,540,195円である。）が計上されていた（以下、上記の本件被相続人名義の預貯金と本件名義預貯金とを併せて「本件申告計上預貯金」といい、本件申告計上預貯金に係る各預貯金の口座を「本件申告計上預貯金口座」という。本件申告計上預貯金の合計金額は、189,070,091円である。）。

ホ　原処分庁所属の調査担当職員（以下「本件調査担当職員」という。）は、令和元年11月25日に、本件相続税の調査（以下「本件調査」という。）に着手し、本件被相続人の自宅に臨場して本件配偶者及び本件長男と面接した。その際に、本件調査担当職員が、本件出金現金の行方について確認したところ、本件配偶者から、本件調査担当職員に対し現金65,000,000円の提示があった。

へ　本件長男は、令和元年12月11日に、本件調査担当職員に対して、新たに現金12,000,000円（以下、この現金12,000,000円と上記ホの現金65,000,000円の合計から本件申告計上現金の額を控除した金額に相当する現金71,000,000円を「本件現金」という。）が見つかったとして、自身のパーソナルコンピュータに保存された当該現金12,000,000円の画像データを提示した。

ト　本件調査担当職員は、令和２年４月21日に、本件長男に対して、本件調査に係る調査結果の内容の説明を行った。本件調査担当職員は、当該調査結果の内容の説明において、本件現金、本件配偶者名義のＲ銀行○○支店の定期預金（口座番号が○○○○で、本件相続開始日の残高が10,626,918円のもの。）及び本件二男名義のＮ銀行の○○○○（本件相続開始日の残高が9,500,000円のもの及び本件相続開始日の残高が3,000,000円のもの。）の申告漏れを指摘した。

解説

1　図解のテーマ

この事例では、相続税申告書に計上された預貯金口座から出金した現金や家族名義預貯金の帰属が問題となっていますので、被相続人と相続人の関係、そしてカネの流れについて図解します。

2　図解の種類

この事例は、まず被相続人と相続人の関係を図解することになりますので、関係図（相続関係図）が適当ではないかと考えられます。また、現金や預貯金の流れについては、フローチャートが適当ではないかと考えられます。

3 キーワードを拾い出す

キーワードを拾い出しやすくするために、事実関係をブロックごとに分けた上で、被相続人と相続人の関係、そして現金や預貯金の流れについて、それぞれのブロックにどのようなキーワードがあるのか見ていきます。

事実関係

イ Ⓐ K（以下「本件被相続人」という。）は、平成30年２月○日（以下「本件相続開始日」という。）に死亡し、本件被相続人に係る相続（以下「本件相続」という。）が開始した。

本件相続に係る共同相続人は、本件被相続人の配偶者であるL（以下「本件配偶者」という。）、本件被相続人の長男であるH（以下「本件長男」という。）及び本件被相続人の二男であるM（以下「本件二男」といい、本件配偶者及び本件長男を併せて「請求人ら」という。）の３名である。

ロ Ⓑ 本件配偶者は、平成26年２月12日から本件相続開始日までの間に、①本件被相続人名義であるＮ銀行の○○○○、②Ｐ信用金庫○○支店の普通預金（口座番号○○○○）、③Ｑ銀行○○支店の普通預金（口座番号○○○○）、④本件配偶者名義であるＮ銀行の○○○○、⑤本件長男名義であるＲ銀行○○支店の普通預金（口座番号○○○○）及び⑥本件二男名義であるＲ銀行○○支店の普通預金（口座番号○○○○）の各預貯金の口座から、合計85,774,000円を現金で引き出した（以下、この引き出した行為を「本件出金」という。）。

Ⓒ 請求人らは、本件相続に係る相続税（以下「本件相続税」とい

う。）について、申告書（以下「本件申告書」という。）を法定申告期限までに原処分庁へ提出した（以下、本件申告書の提出による申告を「本件申告」という。）。

なお、本件配偶者及び本件二男は、税理士である本件長男に税務代理を委任していた。

ニ　本件申告書には、本件相続に係る相続財産として、本件出金により引き出された現金（以下「本件出金現金」という。）の一部である現金6,000,000円（以下「本件申告計上現金」という。）が計上されていた。

Ⓓ

また、本件申告書には、本件相続に係る相続財産として、本件被相続人名義の預貯金（上記ロの①ないし③の各預貯金口座の預貯金を含む。）の合計47,529,896円のほか、本件配偶者名義の預貯金（上記ロの④の○○○○を含む。）の小計86,867,241円、本件長男名義の預金（上記ロの⑤の預金口座の預金を含む。）の小計19,514,336円、本件二男名義の預金（上記ロの⑥の預金口座の預金を含む。）の小計20,463,220円及び本件長男の長女（以下「本件孫」という。）名義の預金の小計14,695,398円（以下、これらの請求人ら名義及び本件孫名義の預貯金を併せて「本件名義預貯金」という。本件名義預貯金の合計金額は、141,540,195円である。）が計上されていた（以下、上記の本件被相続人名義の預貯金と本件名義預貯金とを併せて「本件申告計上預貯金」といい、本件申告計上預貯金に係る各預貯金の口座を「本件申告計上預貯金口座」という。本件申告計上預貯金の合計金額は、189,070,091円である。）。

ホ　原処分庁所属の調査担当職員（以下「本件調査担当職員」という。）は、令和元年11月25日に、本件相続税の調査（以下「本件

Ⓔ

調査」という。）に着手し、本件被相続人の自宅に臨場して本件配偶者及び本件長男と面接した。その際に、本件調査担当職員が、本件出金現金の行方について確認したところ、本件配偶者から、本件調査担当職員に対し現金65,000,000円の提示があった。

Ⓕ

へ　本件長男は、令和元年12月11日に、本件調査担当職員に対して、新たに現金12,000,000円（以下、この現金12,000,000円と上記ホの現金65,000,000円の合計から本件申告計上現金の額を控除した金額に相当する現金71,000,000円を「本件現金」という。）が見つかったとして、自身のパーソナルコンピュータに保存された当該現金12,000,000円の画像データを提示した。

Ⓖ

ト　本件調査担当職員は、令和２年４月21日に、本件長男に対して、本件調査に係る調査結果の内容の説明を行った。本件調査担当職員は、当該調査結果の内容の説明において、本件現金、本件配偶者名義のＲ銀行○○支店の定期預金（口座番号が○○○○で、本件相続開始日の残高が10,626,918円のもの。）及び本件二男名義のＮ銀行の○○○○（本件相続開始日の残高が9,500,000円のもの及び本件相続開始日の残高が3,000,000円のもの。）の申告漏れを指摘した。

まず、Ａブロックからは、「被相続人」の「Ｋ」は、「平成30年２月○日」に死亡し「相続」が「開始」したことが分かります。そして、「相続人」は被相続人の「配偶者」の「Ｌ」、「長男」の「Ｈ」、「二男」の「Ｍ」の３名であることが分かります。

次にＢブロックからは、各預貯金から出金された現金の状況が分かります。具体的には、「配偶者」が、「平成26年２月12日から相続開始日までの間」に、「被相続人名義のＮ銀行の○○○○(㋐)、Ｐ信用金庫○○支店の普通預金(㋑)、Ｑ銀行○○支店の普通預金(㋒)、そして配偶者名義のＮ銀行の○○○○(㋓)、長男名義のＲ銀行○○支店の普通預金(㋔)、二男名義のＲ銀行○○支店の普通預金(㋕)」の各預貯金口座から、「合計で85,774,000円」を「現金出金」したことが分かります。

Ｃブロックからは、相続税の申告に当たり、「税理士」である「長男」は、「配偶者」と「二男」の「税務代理人」になっていることが分かります。

Ｄブロックからは、「申告」された相続財産の状況が分かります。「相続税申告書」には、Ｂブロックに記載の出金された「現金」の一部として「6,000,000円」が計上されています。「預貯金」については、まず「被相続人名義」のものとしてＢブロックに記載の預貯金を含めて「計47,529,896円」、「配偶者名義」の預貯金として同様に「計86,867,241円」、「長男名義」の預金として同様に「計19,514,336円」、「二男名義」の預金として同様に「計20,463,220円」、そして被相続人の「孫」である「長男の長女」の預金(㋖) として「計14,695,398円」が計上されていることが分かります。これらの預貯金を合計すると189,070,091円となります。

Ｅブロックからは、「原処分庁調査時（令元.11.25)」に、Ｂブロックに記載の現金出金の行方として、「配偶者」から「調査担当職員」に、「現金」で「65,000,000円」の「提示」があったことが分かります。

Ｆブロックからは、「原処分庁調査時（令元.12.11)」に、Ｅブロックに記載の現金に次いで、「長男」から「調査担当職員」に、新たに見つかった「現金」で「12,000,000円」の画像データの「提示」があったことが分かります。

最後にＧブロックからは、「原処分庁調査時（令２．４.21)」に「長男」に指摘した申告漏れの状況が分かります。具体的には、「現金」については原処分庁の調査時に提示のあった65,000,000円と12,000,000円の合計77,000,000円から申告済みの6,000,000円を控除した「71,000,000円」を、預貯金については、まず「配偶者名義のＲ銀行○○支店の定期預金(❷)」で「相続開始日」の「残高10,626,918円」のものを、そして「二男名義のＮ銀行の○○○○」で「相続開始日」の「残高9,500,000円(❸)」のものと「残高3,000,000円(❹)」のものの２件の「申告漏れを指摘」しています。

なお、各預貯金については、便宜上それぞれに❶から❹までのカタカナを付しています。

4 キーワードの分類

事実関係からブロックごとに拾い出したキーワードを、図解整理シートに当てはめてみると次のように整理することができます。この事例では、相続関係図とフローチャートで図解することになりますが、相続関係図で使用する図解整理シートは、これまでのものとは違い相続関係図作成用に区分けを変えています。なお、事実関係で明らかになっていない情報はブランクとしています。

（1）相続関係図

一連番号	ブロック	住所	続柄	名前	生年月日	経歴
1	A		被相続人	K		平成30年2月〇日相続開始
2	A		相続人、配偶者	L		
3	A		相続人、長男	H		
4	A		相続人、二男	M		
5	C		長男			税理士、配偶者と二男の税務代理人
6	D		孫（長男の長女）			

（2）フローチャート

一連番号	ブロック	トキ	ヒト		モノ	カネ	結果	書類	データ
		（いつ）	（誰が）	（誰の・から・に）	（何を）	（いくらで）	（どうした）		
1	B	平成26年2月12日から相続開始日までの間	配偶者		被相続人名義のN銀行の○○○○㋐、P信用金庫○○支店の普通預金㋑、Q銀行○○支店の普通預金㋒、そして配偶者名義のN銀行の○○○○㋓、長男名義のR銀行○○支店の普通預金㋔、二男名義のR銀行○○支店の普通預金㋕	合計で85,774,000円	現金出金		
2	D	相続税申告			現金	6,000,000円	申告	相続税申告書	
3	D	相続税申告			被相続人名義の預貯金	計47,529,896円	申告	相続税申告書	
4	D	相続税申告			配偶者名義の預貯金	計86,867,241円	申告	相続税申告書	
5	D	相続税申告			長男名義の預金	計19,514,336円	申告	相続税申告書	
6	D	相続税申告			二男名義の預金	計20,463,220円	申告	相続税申告書	
7	D	相続税申告			孫（長男の長女）名義の預金㋖	計14,695,398円	申告	相続税申告書	
8	E	原処分庁調査時（令元.11.25）	配偶者	調査担当職員	現金	65,000,000円	提示		
9	F	原処分庁調査時（令元.12.11）	長男	調査担当職員	現金	12,000,000円	提示		
10	G	原処分庁調査時（令2.4.21）	調査担当職員	長男	現金	71,000,000円	申告漏れを指摘		
11	G	原処分庁調査時（令2.4.21）	調査担当職員	長男	配偶者名義のR銀行○○支店の定期預金㋗	10,626,918円	申告漏れを指摘		
12	G	原処分庁調査時（令2.4.21）	調査担当職員	長男	二男名義のN銀行の○○○○	9,500,000円㋘と3,000,000円㋙	申告漏れを指摘		
13	G	相続開始日			配偶者名義のR銀行○○支店の定期預金㋗	残高10,626,918円			
14	G	相続開始日			二男名義のN銀行の○○○○	残高9,500,000円㋘と残高3,000,000円㋙			

5 キーワードの関連付け

（1）相続関係図

まず、被相続人と相続人の関係を相続関係図で表します。上記４（1）の相続関係図用の図解整理シートを基に、１番と２番から被相続人Ｋと相続人である配偶者Ｌを相続関係図の上部に配置するとした場合には、次のステップ①の図解が一例として考えられます。

なお、被相続人Ｋと配偶者Ｌの夫婦関係は二重線でつなぎ、相続開始日は被相続人Ｋの下に表示しています。

ステップ①

次に、３番と４番から、被相続人Ｋと配偶者Ｌの子として、相続人である長男Ｈと二男Ｍを上記ステップ①の図解に配置すると次のステップ②のようになります。なお、５番から長男Ｈは税理士であり、配偶者Ｌと二男Ｍの税務代理人となっていますので、これらの情報は長男Ｈの下に表示しています。

ステップ②

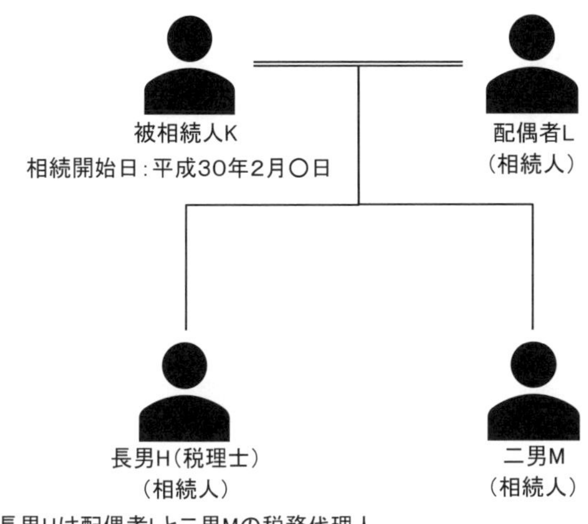

最後に、６番から相続人ではありませんが孫である長男Ｈの長女を上記ステップ②の図解に配置すると次のステップ③のようになります。なお、長男Ｈの配偶者の有無については明らかではありませんので、配偶者のアイコンは表示していません。

ステップ③

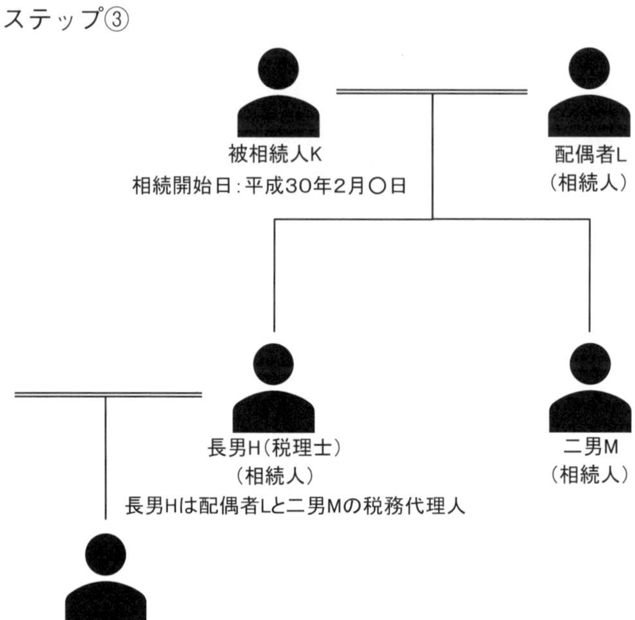

（2）フローチャート

次に、預貯金ごとに時系列によるカネの流れをフローチャートで表します。この事例では、横軸にトキの情報を、縦軸には預貯金の情報を配置します。

まず、上記４（２）のフローチャート用の図解整理シートからトキに注目していきます。１番から順に見ていくと、平成26年２月12日から相続開始日までの間、相続税申告、原処分庁調査時、そして相続開始日の４つが挙げられますので、これをフローチャートの上部に配置します。なお、ここでは平成26年２月12日から相続開始日までの間は、便宜上この期間を含めて生前として表します。

配置に当たっては、時系列に並べますので、生前をスタートとして左端に配置します。次に、日付順で見ると、相続開始日、相続税申告、原処分庁調査時となりますので、順番に右側に配置します。また、トキとトキの間は、点線などで区切ると分かりやすくなります。このようにして配置すると次のステップ④の図解が一例として考えられます。

ステップ④

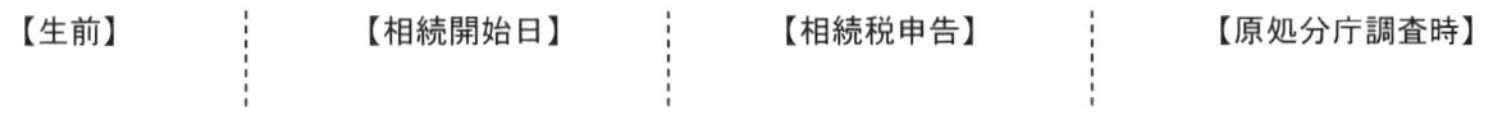

【生前】	【相続開始日】	【相続税申告】	【原処分庁調査時】

次に、各預貯金の流れについて、預貯金を名義人ごとに分けて配置します。１番から順に見ていくと、預貯金は、被相続人名義が３口座（アイウ）、配偶者名義が２口座（エク）、長男名義が１口座（オ）、二男名義が３口座（カケコ）、そして孫名義が１口座（キ）あります。この順番で上記ステップ④の図解に、上から順にそれぞれの名義の預貯金を左端に配置すると次のステップ⑤のようになります。各名義人の預貯金は太線の四角で囲んで一体感を表しています。

なお、各預貯金を左端に配置すると、それぞれが同じ時期に開設されたもののように見えますが口座開設時期は明らかにされていません。

ステップ⑤

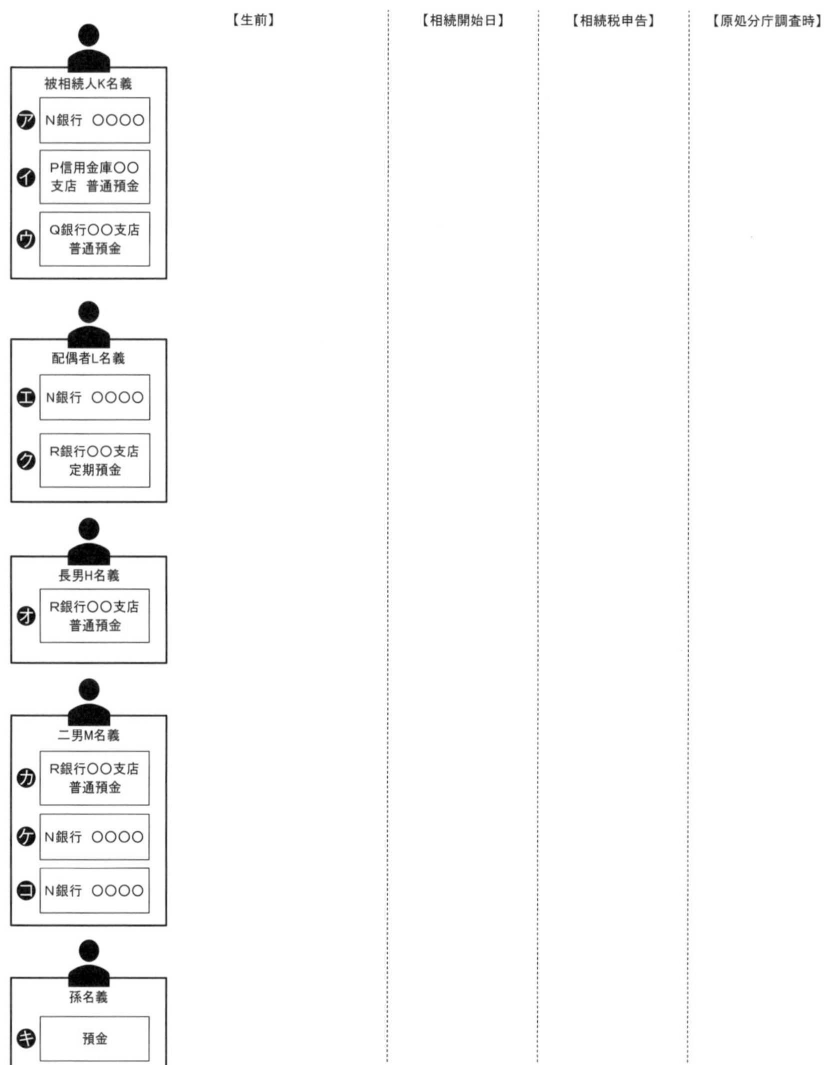
【生前】
【相続開始日】
【相続税申告】
【原処分庁調査時】
被相続人K名義
ア N銀行 ○○○○
イ P信用金庫○○支店 普通預金
ウ Q銀行○○支店 普通預金
配偶者L名義
エ N銀行 ○○○○
ク R銀行○○支店 定期預金
長男H名義
オ R銀行○○支店 普通預金
二男M名義
カ R銀行○○支店 普通預金
ケ N銀行 ○○○○
コ N銀行 ○○○○
孫名義
キ 預金

次に、各預貯金の流れを時系列に見ていきます。まず、１番を見ると生前の平成26年２月12日から相続開始日までの間に、配偶者が被相続人名義のＮ銀行の○○○○ほか６つの預貯金（㋐から㋕）から現金で出金したとあります。この現金出金は生前から相続開始日までの間に行われたものであるため、現金出金計85,774,000円の四角は生前と相続開始日の境に配置します。これらを上記ステップ⑤の図解に追加すると次のステップ⑥のようになります。

なお、出金を表す場合には各預貯金から出る線は外に向かう矢印となりますが、それぞれの預貯金からいくら出金されたのかが明らかではありませんので、各預貯金から出た線は現金出金合計の四角に集まるように線でつないでいます。

ステップ⑥

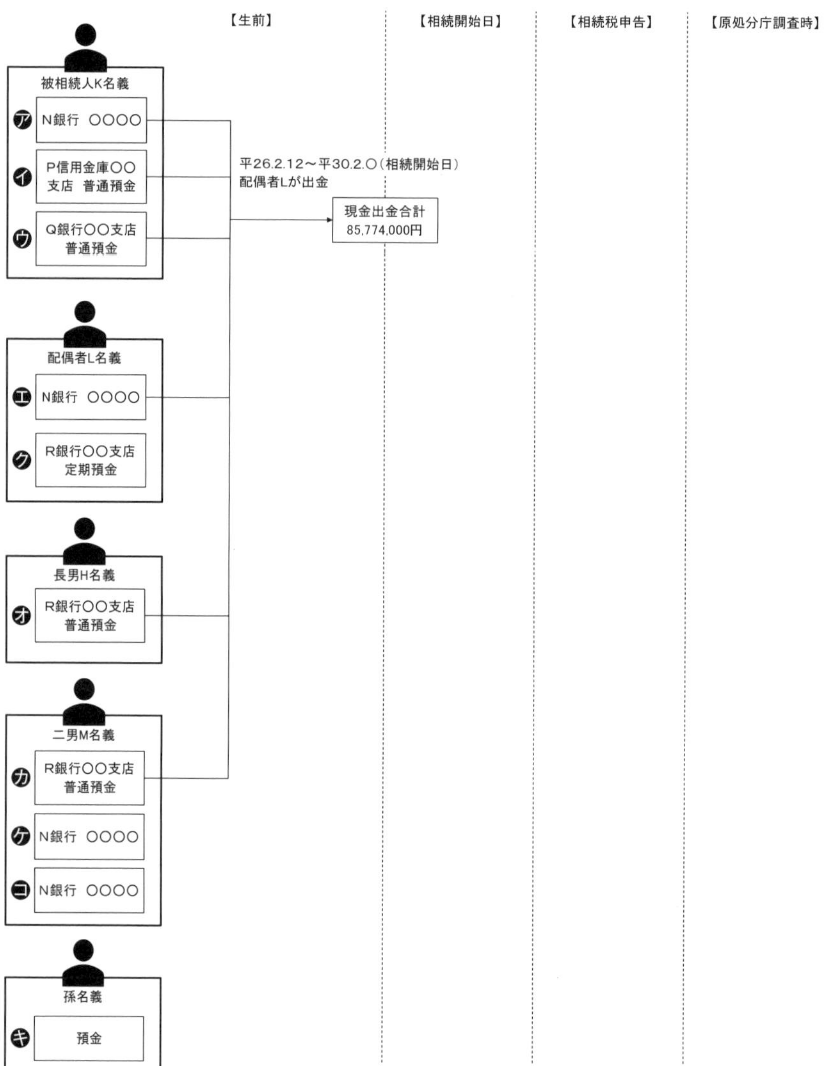
【生前】
【相続開始日】
【相続税申告】
【原処分庁調査時】
被相続人K名義
ア N銀行 ○○○○
イ P信用金庫○○ 支店 普通預金
ウ Q銀行○○支店 普通預金
平26.2.12～平30.2.○（相続開始日）
配偶者Lが出金
現金出金合計
85,774,000円
配偶者L名義
エ N銀行 ○○○○
ク R銀行○○支店 定期預金
長男H名義
オ R銀行○○支店 普通預金
二男M名義
カ R銀行○○支店 普通預金
ケ N銀行 ○○○○
コ N銀行 ○○○○
孫名義
キ 預金

時系列で見ると次は相続開始日の状況となりますが、その日の状況が明らかになっているものは、13番の配偶者名義のＲ銀行の定期預金（❷）と14番の二男名義のＮ銀行の預貯金２口座（❺❻）の残高のみですので、これを上記ステップ⑥の図解に追加すると次のステップ⑦のようになります。ここで追加する３つの線は同種の線と交差する箇所がありますので、波形の線を使って跨ぐ形にしています。

ステップ⑦

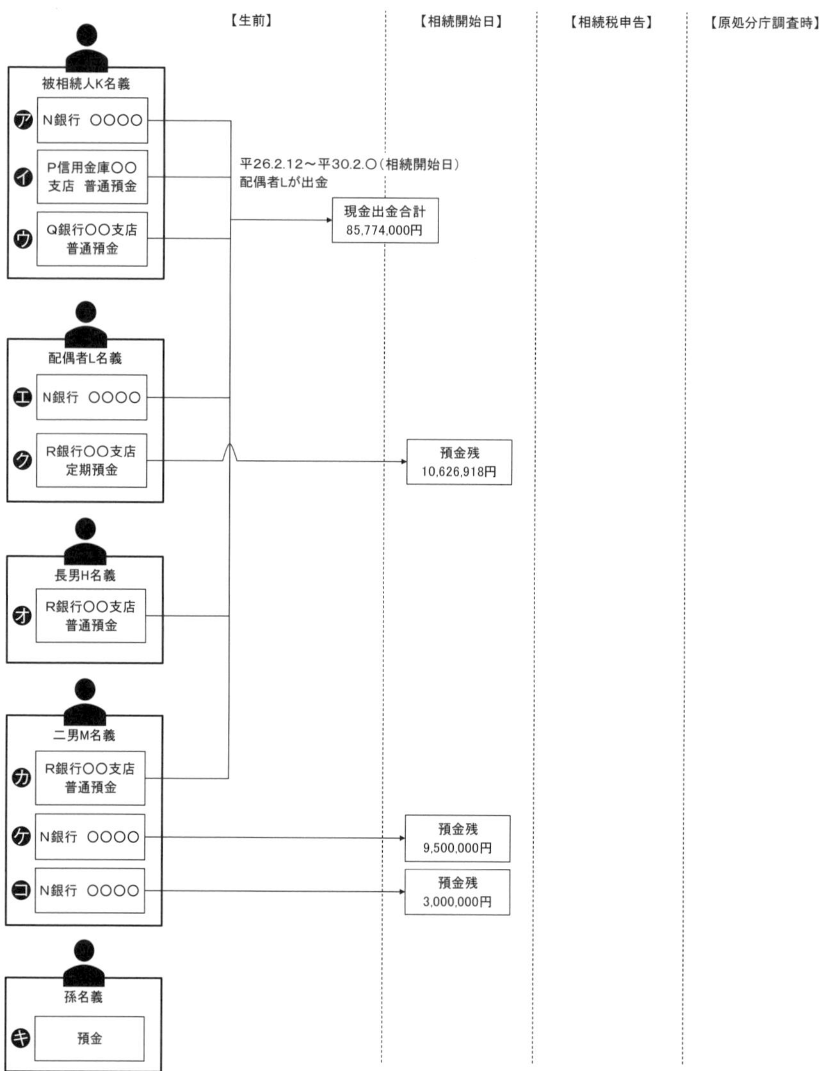
【生前】
【相続開始日】
【相続税申告】
【原処分庁調査時】
被相続人K名義
ア N銀行 ○○○○
イ P信用金庫○○支店 普通預金
ウ Q銀行○○支店 普通預金
平26.2.12～平30.2.○（相続開始日）
配偶者Lが出金
現金出金合計
85,774,000円
配偶者L名義
エ N銀行 ○○○○
ク R銀行○○支店 定期預金
預金残
10,626,918円
長男H名義
オ R銀行○○支店 普通預金
二男M名義
カ R銀行○○支店 普通預金
ケ N銀行 ○○○○
預金残
9,500,000円
コ N銀行 ○○○○
預金残
3,000,000円
孫名義
キ 預金

次に相続税申告の状況については２番から７番を見ると、相続税申告書に計上した現金及び各預貯金の状況が分かりますので、これを上記ステップ⑦の図解に追加すると次のステップ⑧のようになります。申告書に計上された預貯金がどの口座なのか明らかではありませんので、個々の預貯金の四角ではなく、各名義人を囲んだ大きな四角から線を出し、申告計上預貯金の四角とつないでいます。

なお、申告計上した現金6,000,000円については、現金出金合計85,774,000円との関連付けが明らかではありませんので、これらをつなぐ線は点線としています。ここで追加する点線は同種の点線と交差する箇所がありますので、波形の点線を使って跨ぐ形にしています。

また、参考として申告計上した現金と各預貯金の合計額195,070,091円を下部にカッコ書きで表示しています。

ステップ⑧

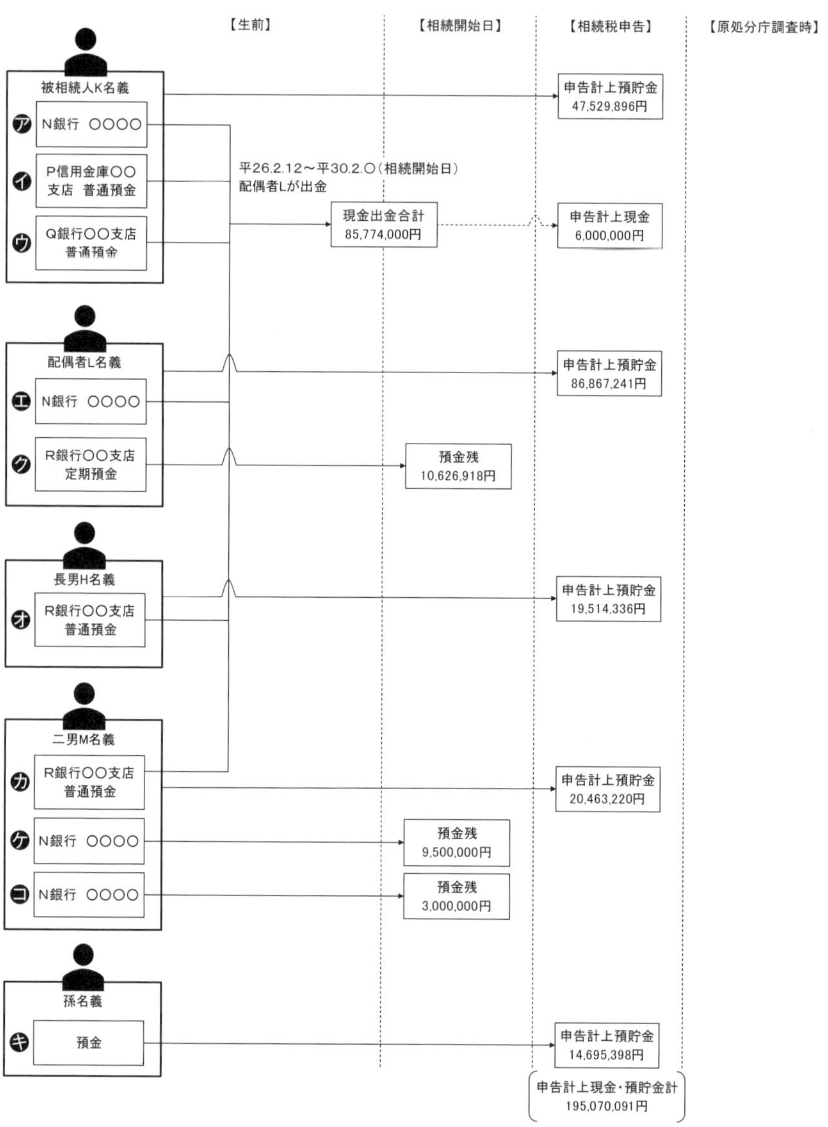

【生前】
【相続開始日】
【相続税申告】
【原処分庁調査時】
被相続人K名義
ア N銀行 ○○○○
イ P信用金庫○○支店 普通預金
ウ Q銀行○○支店 普通預金
申告計上預貯金 47,529,896円
平26.2.12～平30.2.○（相続開始日）
配偶者Lが出金
現金出金合計 85,774,000円
申告計上現金 6,000,000円
配偶者L名義
エ N銀行 ○○○○
ク R銀行○○支店 定期預金
申告計上預貯金 86,867,241円
預金残 10,626,918円
長男H名義
オ R銀行○○支店 普通預金
申告計上預貯金 19,514,336円
二男M名義
カ R銀行○○支店 普通預金
ケ N銀行 ○○○○
コ N銀行 ○○○○
申告計上預貯金 20,463,220円
預金残 9,500,000円
預金残 3,000,000円
孫名義
キ 預金
申告計上預貯金 14,695,398円
申告計上現金・預貯金計 195,070,091円

最後に原処分庁調査時の状況については８番と９番を見ると、２回の調査で現金の提示を受けたことが分かります。そして、10番から12番までを見ると、調査結果の説明において何が申告漏れとして指摘されたのかが分かります。具体的には、調査時に提示された現金合計77,000,000円から申告計上された現金6,000,000円を差し引いた71,000,000円を、そして預貯金では配偶者名義のＲ銀行の定期預金10,626,918円（❷）、二男名義のＮ銀行の預貯金9,500,000円（❸）と3,000,000円（❹）が申告漏れとして指摘されたことが分かります。これらを上記ステップ⑧の図解に追加すると次のステップ⑨のようになります。現金と現金を結ぶ線は、それぞれの関連付けが明らかでありませんので点線としています。ここで追加する点線は同種の点線と交差する箇所がありますので、波形の点線を使って跨ぐ形にしています。

なお、申告漏れを指摘された内容については、申告計上したものと対比させるために、相続税申告の列に表示しています。

また、これまで見てきたように、現金及び預貯金については申告計上したもの、配偶者が現金で出金したもの、そして申告漏れを指摘されたものがありますので、これら３つに分類される情報を網掛けで区分すると分かりやすくなります。

ステップ⑨

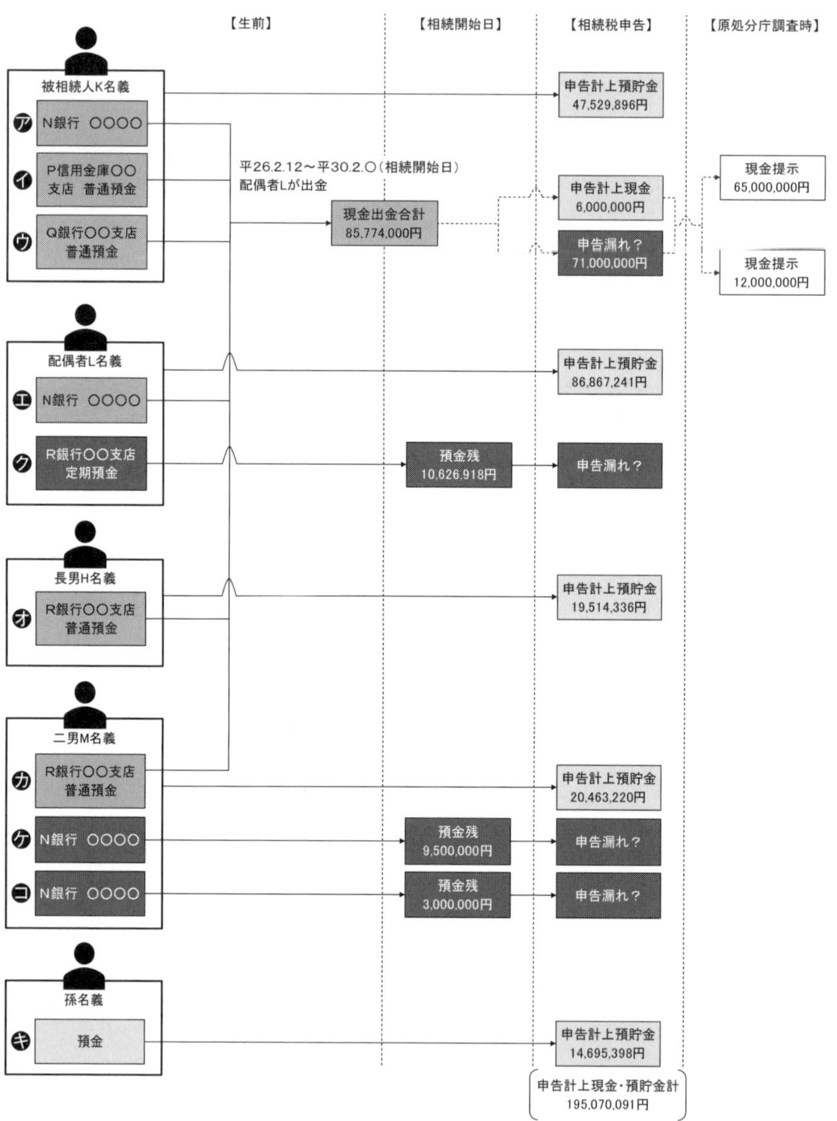
【生前】
【相続開始日】
【相続税申告】
【原処分庁調査時】
被相続人K名義
ア N銀行 ○○○○
イ P信用金庫○○支店 普通預金
ウ Q銀行○○支店 普通預金
申告計上預貯金 47,529,896円
平26.2.12～平30.2.○（相続開始日）
配偶者Lが出金
現金出金合計 85,774,000円
申告計上現金 6,000,000円
申告漏れ？ 71,000,000円
現金提示 65,000,000円
現金提示 12,000,000円
配偶者L名義
エ N銀行 ○○○○
ク R銀行○○支店 定期預金
申告計上預貯金 86,867,241円
預金残 10,626,918円
申告漏れ？
長男H名義
オ R銀行○○支店 普通預金
申告計上預貯金 19,514,336円
二男M名義
カ R銀行○○支店 普通預金
ケ N銀行 ○○○○
コ N銀行 ○○○○
申告計上預貯金 20,463,220円
預金残 9,500,000円
申告漏れ？
預金残 3,000,000円
申告漏れ？
孫名義
キ 預金
申告計上預貯金 14,695,398円
申告計上現金・預貯金計 195,070,091円

6 タイトルと情報源の表示

（１）相続関係図

上記ステップ③の図解は、被相続人Ｋと相続人の関係を表したものですので、タイトルは「被相続人Ｋの相続関係図」とし、左下の余白に情報源として「国税不服審判所裁決令和４年２月15日裁決事例集№126（名裁（諸）令3-26）を基に作成」とします。これらをステップ③の図解に表示することで完成した図解は次のステップ⑩のとおりです。

ステップ⑩

被相続人Kの相続関係図

被相続人K
相続開始日：平成30年2月〇日

配偶者L
（相続人）

長男H（税理士）
（相続人）
長男Hは配偶者Lと二男Mの税務代理人

二男M
（相続人）

孫（長男Hの長女）

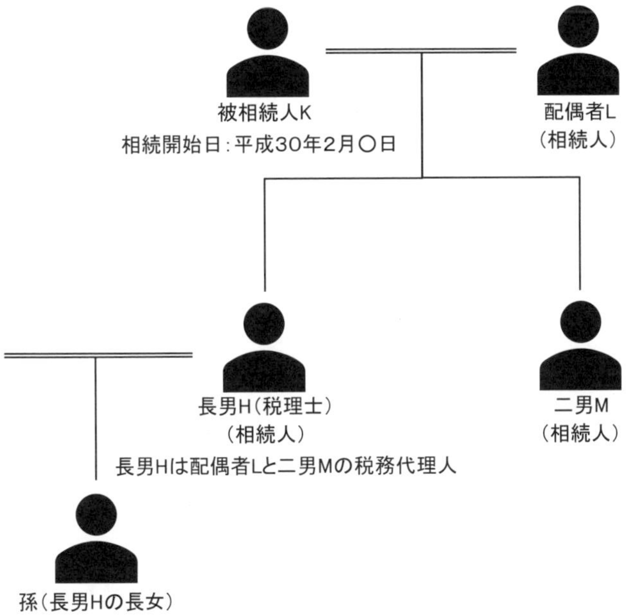

（注）国税不服審判所裁決令和4年2月15日裁決事例集№126（名裁（諸）令3-26）を基に作成

（2）フローチャート

上記ステップ⑨の図解は、出金された現金と家族名義の預貯金の流れを表したものですので、タイトルは「被相続人名義預貯金等から出金された現金と家族名義預貯金の流れ」とし、左下には相続関係図と同様に情報源として「国税不服審判所裁決令和４年２月15日裁決事例集No.126（名裁（諸）令3-26）を基に作成」とします。これらをステップ⑨の図解に表示することで完成した図解は次のステップ⑪のとおりです。

ステップ⑪

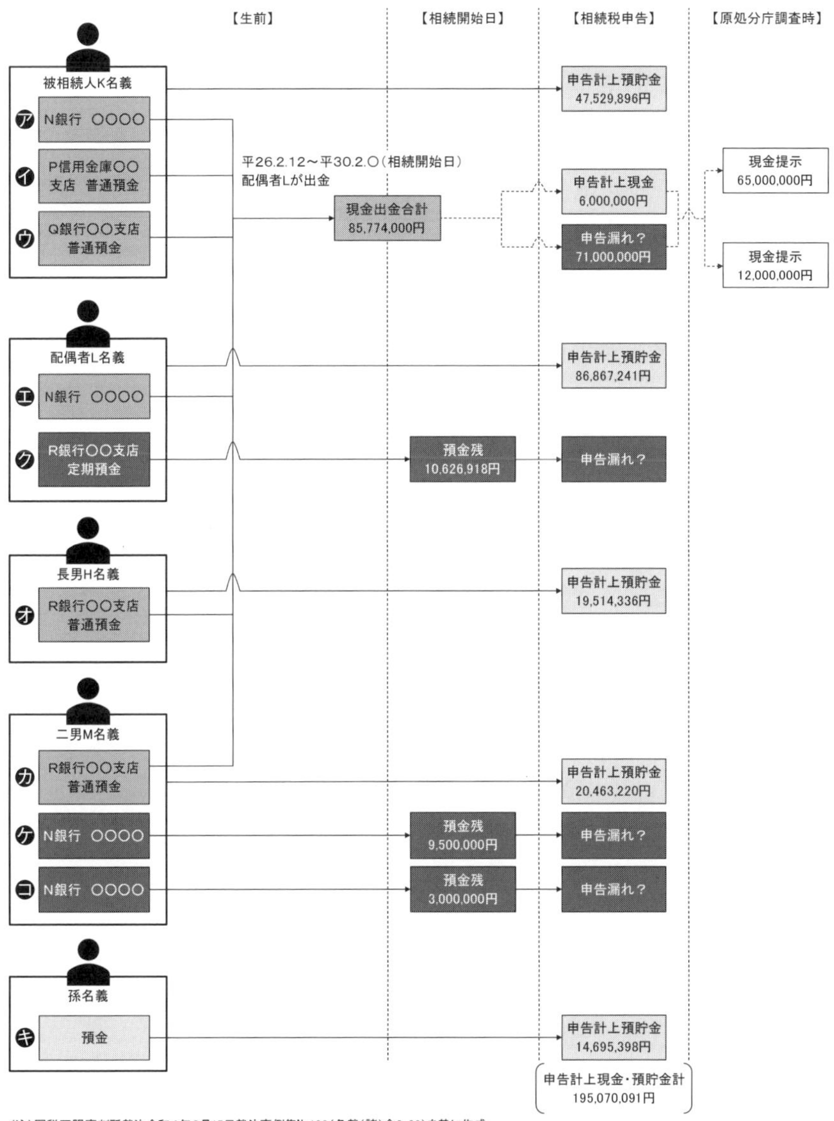

（注）国税不服審判所裁決令和4年2月15日裁決事例集№126（名裁（諸）令3-26）を基に作成

7 図解からの気付き

（1）相続関係図

上記ステップ⑩の図解のように相続関係図にすると、相続人を含め各預貯金の名義人の関係が分かりやすくなりました。

では、この図解からはどのような点が気になるのか見てみると、この事例では現金や各預貯金の帰属が問題となっていますので、預貯金が名義人の収入で捻出されたものかを検討するために、被相続人らの経歴や収入の状況は気になる点と言えます。このような疑問点をステップ⑩の図解に追加すると次のステップ⑫のようになります。

ステップ⑫

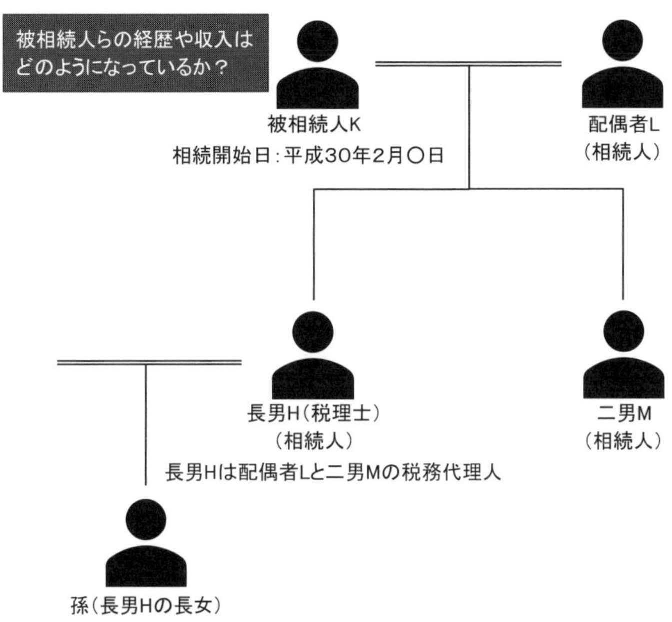

（注）国税不服審判所裁決令和4年2月15日裁決事例集No.126（名裁（諸）令3-26）を基に作成

（2）フローチャート

上記ステップ⑪の図解のようにフローチャートにすると、相続税申告書に計上された預貯金口座から出金した現金や家族名義預貯金の流れが分かりやすくなりました。

では、この図解からはどのような点が気になるのか見てみると、相続関係図と同様に各預貯金などの帰属について、預貯金の開設時期や原資はどのようになっているのか、また、預貯金通帳や印鑑の保管などの管理・運用は誰が行っているのかは気になる点と言えます。このような疑問点をステップ⑪の図解に追加すると次のステップ⑬のようになります。

ステップ⑬

被相続人名義預貯金等から出金された現金と家族名義預貯金の流れ

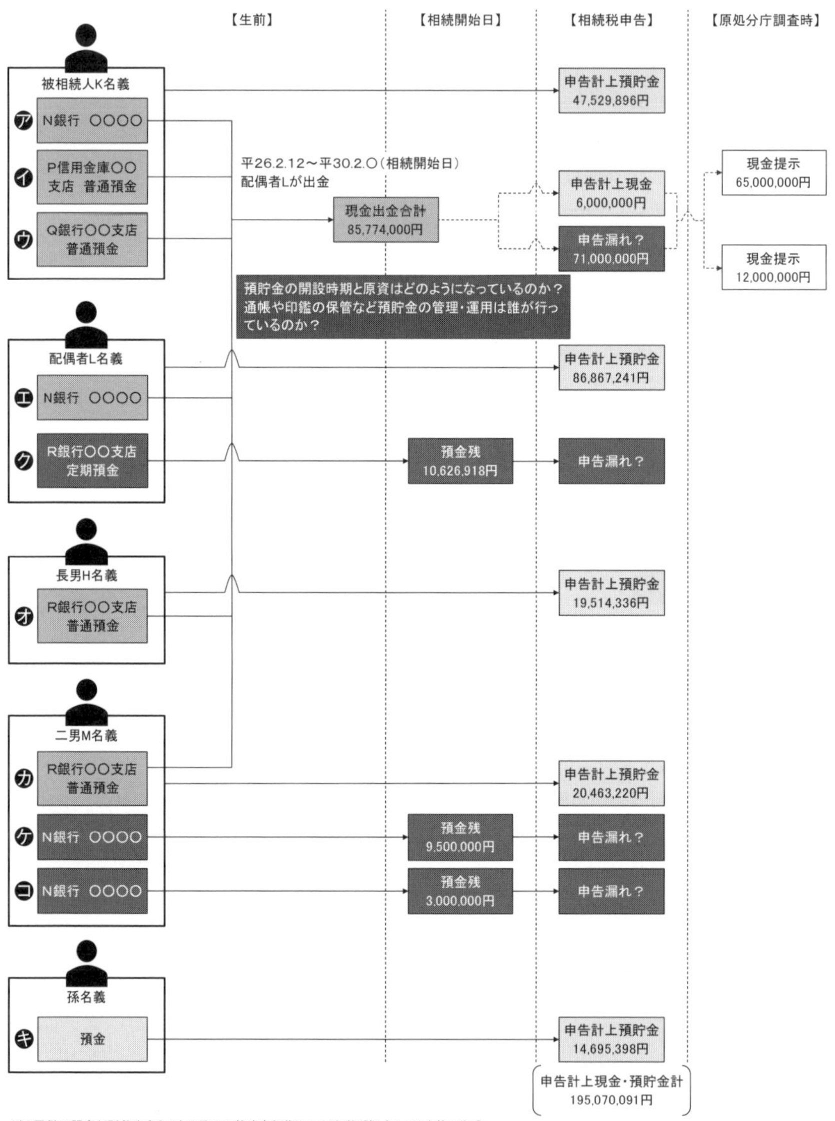

（注）国税不服審判所裁決令和4年2月15日裁決事例集No.126（名裁（諸）令3-26）を基に作成

実践演習 4

経理担当者から説明された売上の事務処理

使用する図解	フローチャート

実践演習４の題材は、顧問先甲社の総務経理課社員のサキさんが、会計事務所社員のリサさんに売上の事務処理の流れを説明している場面です。部署と事務処理のタイミングに注意して読んでみましょう。

なお、この会社の組織図は次のようになっています。これは122ページに掲載している基礎演習４の解答例です。

甲社（電子部品販売業）の組織図

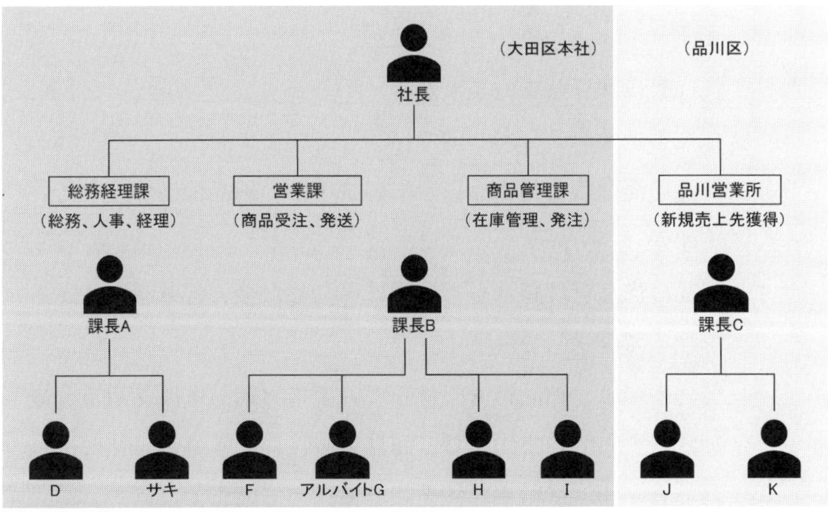

（注）総務経理課社員サキさんの説明を基に作成

リサ：売上について一連の事務処理の流れを教えて頂けますか。
まず、売上先から商品の問い合わせがあった場合は、どのように対応していますか。見積書は作成しますか。

サキ：営業課の話しになりますが、新規取引の場合には、見積書を作成してメールで送っているようです。

リサ：見積書の控えは保存していますか。

サキ：見積書控えは社内の共有サーバーで保存しています。

リサ：売上先から実際に注文があった場合はどのように対応していますか。

サキ：事後のトラブル防止のため、原則として全売上先から注文書をメールで送ってもらいます。ただ、売上先の一部は、注文書ではなく、電話で発注してきます。

リサ：注文書を受けるとどのように対応していますか。

サキ：注文を受けると、営業課が商品管理課に商品の在庫を確認します。

リサ：注文書は保存していますか。

サキ：注文書は共有サーバー内で保存しています。

リサ：商品の発送はどのようにしていますか。納品書は作成していますか。

サキ：商品は商品管理課から営業課に移動した後、営業課がX運送を使って発送しています。
発送の際は、納品書も同封しています。納品書は受領書と複写式になっていますので、商品到着後に受領書が当社に送られてきます。受領書は営業課で保存しています。

リサ：請求書は何日締めで発行していますか。

サキ：請求書はすべて月末締めで発行しています。売上先へは営業課からメールで送っています。当社ではこの請求書をインボイス（適格請求書）として扱っています。

リサ：請求書控えは保存していますか。

サキ：請求書控えも共有サーバー内で保存しています。

リサ：売上代金の入金確認はどのように行っていますか。入金方法は振込のみですか。

サキ：売上代金は請求月の翌月末までに入金をお願いしています。入金方法は、ほとんどＹ銀行Ｚ支店の普通預金口座への振込です。この通帳は総務経理課で管理しています。
少額な請求の場合には、営業課が現金で回収することもあります。

リサ：現金で回収する場合は、領収証を発行していますか。

サキ：領収証は営業課が発行しています。領収証控えは営業課が保存しています。
営業課が回収した現金は、総務経理課に手渡しされますので、総務経理課でＹ銀行Ｚ支店の普通預金口座に入金しています。

リサ：請求金額と回収状況はどのように整理していますか。

サキ：営業課が請求書控えを基に請求内容を売上管理表に記載しています。入金状況は総務経理課で記載しています。この売上管理表も共有サーバー内で保存しています。

リサ：売上管理表にはどのような情報が記載されていますか。

サキ：請求金額、入金日、振込か現金かの入金方法、入金額、振込時に差し引かれた当社負担の振込手数料が記載されています。
この売上管理表は、総務経理課から会計事務所に毎月メールで送って、売上などを会計データに入力してもらっています。

解 説

1 図解のテーマ

この事例では、説明を受けた売上の事務処理について、関係する部署や事務処理の流れを図解します。

2 図解の種類

この事例は、事務処理の流れを図解することになりますので、フローチャートが適当ではないかと考えられます。

3 キーワードを拾い出す

キーワードを拾い出しやすくするために、会話をブロックごとに分けた上で、それぞれのブロックにどのようなキーワードがあるのか見ていきます。

リサ：売上について一連の事務処理の流れを教えて頂けますか。
まず、売上先から商品の問い合わせがあった場合は、どのように対応していますか。見積書は作成しますか。

サキ：Ⓐ 営業課の話しになりますが、新規取引の場合には、見積書を作成してメールで送っているようです。

リサ：見積書の控えは保存していますか。

サ（B）見積書控えは社内の共有サーバーで保存しています。

リサ：売上先から実際に注文があった場合はどのように対応していますか。

サキ：（C）事後のトラブル防止のため、原則として全売上先から注文書をメールで送ってもらいます。ただ、売上先の一部は、注文書ではなく、電話で発注してきます。

リサ：注文書を受けるとどのように対応していますか。

サキ：（D）注文を受けると、営業課が商品管理課に商品の在庫を確認します。

リサ：注文書は保存していますか。

サ（E）注文書は共有サーバー内で保存しています。

リサ：商品の発送はどのようにしていますか。納品書は作成していますか。

サキ：（F）商品は商品管理課から営業課に移動した後、営業課がＸ運送を使って発送しています。
発送の際は、納品書も同封しています。納品書は受領書と複写式になっていますので、商品到着後に受領書が当社に送られてきます。受領書は営業課で保存しています。

リサ：請求書は何日締めで発行していますか。

サキ：（G）請求書はすべて月末締めで発行しています。売上先へは営業課からメールで送っています。当社ではこの請求書をインボイス（適格請求書）として扱っています。

リサ：請求書控えは保存していますか。

サ（H）請求書控えも共有サーバー内で保存しています。

リサ：売上代金の入金確認はどのように行っていますか。入金方法は振込のみですか。

サキ：（I）売上代金は請求月の翌月末までに入金をお願いしています。入金方法は、ほとんどＹ銀行Ｚ支店の普通預金口座への振込です。この通帳は総務経理課で管理しています。
少額な請求の場合には、営業課が現金で回収することもあります。

リサ：現金で回収する場合は、領収証を発行していますか。

サキ：（J）領収証は営業課が発行しています。領収証控えは営業課が保存しています。
営業課が回収した現金は、総務経理課に手渡しされますので、総務経理課でＹ銀行Ｚ支店の普通預金口座に入金しています。

リサ：請求金額と回収状況はどのように整理していますか。

サキ：（K）営業課が請求書控えを基に請求内容を売上管理表に記載しています。入金状況は総務経理課で記載しています。この売上管理表も共有サーバー内で保存しています。

リサ：売上管理表にはどのような情報が記載されていますか。

サキ：（L）請求金額、入金日、振込か現金かの入金方法、入金額、振込時に差し引かれた当社負担の振込手数料が記載されています。
この売上管理表は、総務経理課から会計事務所に毎月メールで送って、売上などを会計データに入力してもらっています。

まず、Aブロックからは、「商品受注前」の状況として、「新規の売上先」から商品の問い合わせがあった場合、「営業課」が「見積書」を「メールで送付」していることが分かります。

次に、Bブロックからは、「見積書控」は「共有サーバー」で「保存」されていることが分かります。なお、「共有サーバー」については、ここではヒトとして扱うことにしています。

Cブロックからは、「商品受注」に当たっては、原則「全売上先」から「注文書」を「メールで受領」していますが、「一部の売上先」は、「電話で受注」していることが分かります。

Dブロックからは、「受注」すると、「営業課」が「商品管理課」に「商品」の「在庫確認」をすることが分かります。

Eブロックからは、メールで受領した「注文書」は「共有サーバー」で「保存」されていることが分かります。

Fブロックからは、「商品発送」に当たっては、まず「商品」が「商品管理課」から「営業課」に「移動」し、その後に「営業課」が「売上先」に「X運送で発送」していることが分かります。発送の際は、「納品書・受領書」が複写式となっているものを同封し、商品到着後に「売上先」から「受領書を受領」していることが分かります。この「受領書」は「営業課」で「保存」されていることが分かります。

Gブロックからは、「売上請求」の状況として、請求書発行の締め日について、すべて「月末締め」で、「営業課」から「売上先」に「メールで送付」していることが分かります。甲社では、この「請求書」を「インボイス（適格請求書）」として扱っていることが分かります。

Hブロックからは、「請求書控」は、「共有サーバー」で「保存」していることが分かります。

Ｉブロックからは、「売上代金回収」の状況として、売上代金は請求月の「翌月末まで」に、「Ｙ銀行Ｚ支店の普通預金口座への振込で回収」していることが分かります。この口座の「預金通帳」は「総務経理課」が管理しています。なお、「少額請求の売上先」の場合は振り込みによらず、「営業課」が「現金で回収」していることが分かります。

Ｊブロックからは、現金回収の場合、「営業課」が「少額請求の売上先」に「領収証」を「発行」し、「領収証控」は「営業課」が「保存」していることが分かります。そして、「現金回収の売上代金」は、「総務経理課」に「手渡」しされ、「Ｙ銀行Ｚ支店の普通預金口座に入金」されていることが分かります。

Ｋブロックからは、売上代金の請求と回収について、「営業課」が「売上管理表」に「請求内容を記載」し、「総務経理課」が「売上管理表」に「回収内容を記載」していることが分かります。この「売上管理表」は「共有サーバー」で「保存」していることが分かります。

最後にＬブロックからは、「売上管理表」の記載内容について、「請求金額、入金日、入金方法、入金額、当社負担の振込手数料を記載」していることが分かります。この「売上管理表」は「総務経理課」が「会計事務所」に「毎月メールで送付」し、会計事務所はこれを基に「会計データ」に「売上などを入力」していることが分かります。

4 キーワードの分類

事実関係からブロックごとに拾い出したキーワードを、図解整理シートに当てはめてみると次のように整理することができます。この演習では、事務手続の流れを表すために、ヒトには部署のほか共有サーバーを記載しています。なお、会話で明らかになっていない情報はブランクとしています。

一連番号	ブロック	トキ（いつ）	ヒト（誰が）	（誰の・から・に）	モノ（何を）	カネ（いくらで）	結果（どうした）	書類	データ
1	A	商品受注前	営業課	（新規の）売上先			メールで送付		見積書
2	B	商品受注前		共有サーバー			保存		見積書控
3	C	商品受注	営業課	全売上先			メールで受領		注文書
4	C	商品受注	営業課	（一部の）売上先			電話で受注		
5	D	商品受注	営業課	商品管理課	商品		在庫確認		
6	E	商品受注		共有サーバー			保存		注文書
7	F	商品発送	商品管理課	営業課	商品		移動		
8	F	商品発送	営業課	売上先	商品		X運送で発送	納品書・受領書	
9	F	商品発送	営業課	売上先			受領書を受領		
10	F	商品発送	営業課				保存	受領書	
11	G	売上請求	営業課	売上先			月末締めでメールで送付		請求書（インボイス）
12	H	売上請求		共有サーバー			保存		請求書控
13	I	売上代金回収	総務経理課	売上先		売上代金	翌月末までにY銀行Z支店の普通預金口座への振込で回収	預金通帳	
14	I	売上代金回収	営業課	（少額請求の）売上先		売上代金	現金で回収		
15	J	売上代金回収	営業課	（少額請求の）売上先			発行	領収証	
16	J	売上代金回収	営業課				保存	領収証控	
17	J	売上代金回収	営業課	総務経理課		（現金回収の）売上代金	手渡		
18	J	売上代金回収	総務経理課			（現金回収の）売上代金	Y銀行Z支店の普通預金口座に入金		
19	K		営業課				請求内容を記載		売上管理表
20	K		総務経理課				回収内容を記載		売上管理表
21	K			共有サーバー			保存		売上管理表
22	L						請求金額、入金日、入金方法、入金額、当社負担の振込手数料を記載		売上管理表
23	L		総務経理課	会計事務所			毎月メールで送付		売上管理表
24	L		会計事務所				会計データに売上などを入力		売上管理表

5 キーワードの関連付け

図解整理シートからは、まず、事務処理を行うヒトに注目する必要があります。1番から順に見ていくと、営業課、売上先、共有サーバー、商品管理課、総務経理課、そして会計事務所が登場しますので、これをフローチャートの上部に配置します。売上先の態様については、1番に新規の売上先、4番に一部の売上先、そして14番に少額請求の売上先とありますが、便宜上これらをまとめて売上先とします。

配置に当たっては、営業課が中心的なヒトになりますのでこれをセンターに配置し、商品を保管している商品管理課はその左側に、右側には売上先を配置します。総務経理課、共有サーバーは商品管理課の左側に配置し、会計事務所は売上先の右側に配置します。また、ヒトとヒトの間は、点線などで区切ると分かりやすくなります。このようにして配置すると次のステップ①の図解が一例として考えられます。

ステップ①

【共有サーバー】 ┆ 【総務経理課】 ┆ 【商品管理課】 ┆ 【営業課】 ┆ 【売上先】 ┆ 【会計事務所】

次に、各タイミングでどのような事務処理があるのか見ていきます。1番から2番までが商品受注前の事務処理となっています。まず、営業課は新規の売上先には見積書をメールで送付し、見積書控は共有サーバーで保存していますのでそれぞれを矢印でつなぎます。これを上記ステップ①の図解に追加すると次のステップ②のようになります。共有サーバーの図形は他の線と区分するため太線としています。

なお、トキに関する情報は商品受注前として左端に表示しています。

ステップ②

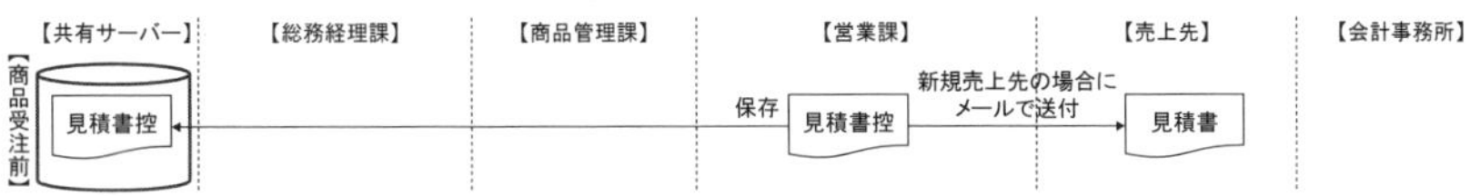

次に、３番から６番までが商品受注時の事務処理となっています。まず、売上先からの注文書はメールで受領し、この注文書は共有サーバーで保存されています。ただし、一部の売上先からは電話で受注していることが分かります。そして注文があると商品管理課に商品の在庫を確認していますのでそれぞれを矢印でつなぎます。これらを上記ステップ②の図解に追加すると次のステップ③のようになります。トキに関する情報は商品受注として左端に表示しています。

ステップ③

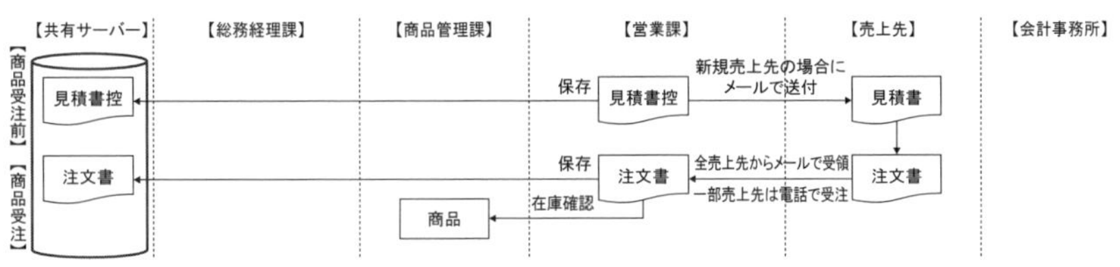

次に、７番から10番までが商品発送時の事務処理となっています。まず、商品管理課から営業課に商品が移動し、営業課はＸ運送を使って発送しています。発送の際は納品書と受領書を同封しています。そして売上先から商品の受領書を受領し、この受領書は営業課で保存していますのでそれぞれを矢印でつなぎます。これらを上記ステップ③の図解に追加すると次のステップ④のようになります。トキに関する情報は商品発送として左端に表示しています。

ステップ④

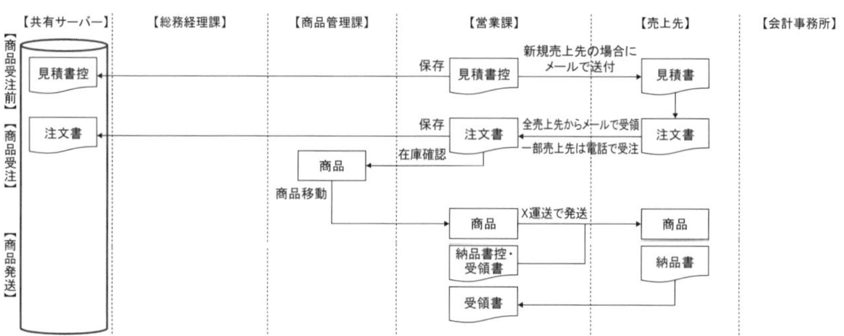

次に、11番から12番までが売上請求時の事務処理となっています。請求書（インボイス）は月末締めで売上先にメールで送付し、請求書控えは共有サーバーで保存していますのでそれぞれを矢印でつなぎます。これらを上記ステップ④の図解に追加すると次のステップ⑤のようになります。トキに関する情報は売上請求として左端に表示しています。

ステップ⑤

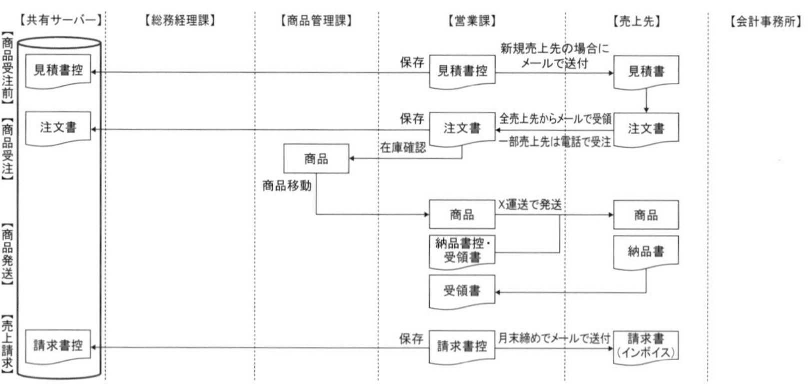

次に、13番から18番までが売上代金回収時の事務処理となっています。売上代金は翌月末までに総務経理課が管理しているＹ銀行Ｚ支店の普通預金口座で回収しています。ただし、少額請求の売上先の売上代金は営業課が現金で回収しています。現金回収の際は領収証を売上先に発行し、領収証控は営業課で保存しています。現金で回収した売上代金は総務経理課に手渡し、その現金は総務経理課がＹ銀行Ｚ支店の普通預金口座に入金していますのでそれぞれを矢印でつなぎます。

これらを上記ステップ⑤の図解に追加すると次のステップ⑥のようになります。トキに関する情報は売上代金回収として左端に表示しています。

ステップ⑥

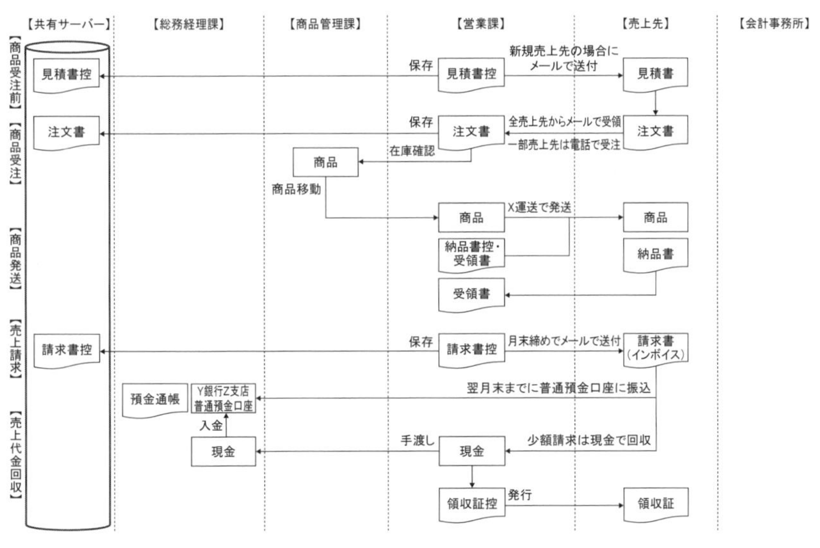

次に、19番から22番までが売上管理表に関する情報になっています。

まず、営業課が請求内容を売上管理表に記載し、総務経理課は回収内容を記載します。この売上管理表は共有サーバーで保存されていますのでそれぞれを矢印でつなぎます。売上管理表の記載内容は売上管理表の横に表示します。これらを上記ステップ⑥の図解に追加すると次のステップ⑦のようになります。

ステップ⑦

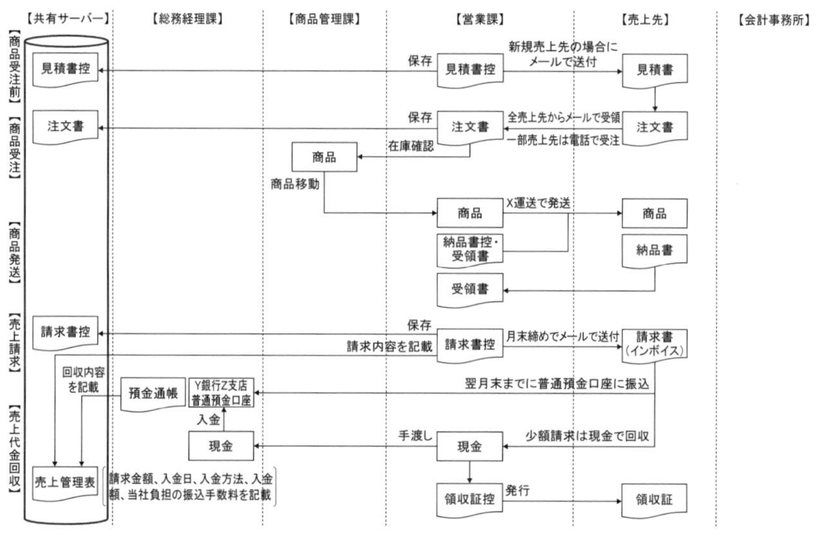

最後に23番と24番が会計事務所とのやり取りになっています。会計事務所には毎月売上管理表をメールで送付し、これを受けた会計事務所では会計データに売上などを入力していますのでそれぞれを矢印でつなぎます。

なお、これまで商品受注前から売上代金回収までの５つのタイミングにおける事務処理を表しましたが、それぞれの事務処理を区分するために、タイミングごとに網掛けを付けると分かりやすくなります。これを上記ステップ⑦の図解に追加すると次のステップ⑧のようになります。

ステップ⑧

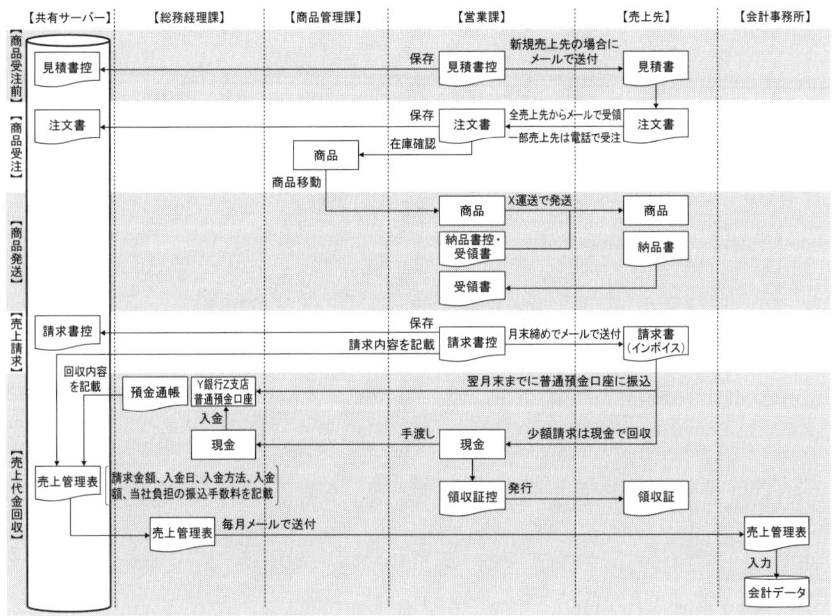

6　タイトルと情報源の表示

この図解は、甲社の売上に関する事務処理の流れを表したものですので、タイトルは「甲社の売上事務処理フロー」とし、左下の余白に情報源として「総務経理課社員サキさんの説明を基に作成」とします。これらを上記ステップ⑧の図解に表示することで完成した図解は次のステップ⑨のとおりです。

ステップ⑨

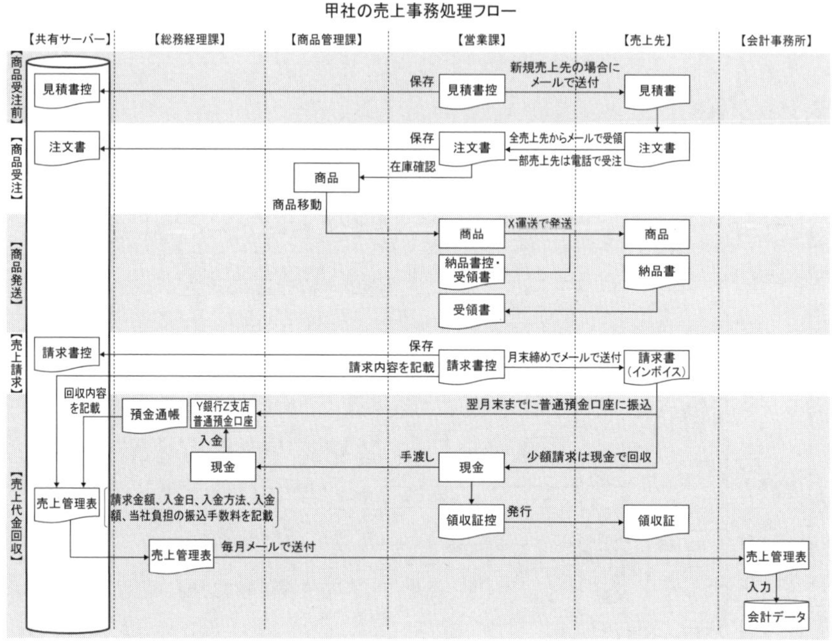

7 図解からの気付き

上記ステップ⑨の図解のようにフローチャートにしてみると、売上の事務処理について、部署ごと、タイミングごとにどのような処理が行われるのかが分かりやすくなりました。

では、この図解からはどのような点が気になるのか見てみると、タイミングごとに、例えば、商品受注前における見積書控の共有サーバーでの保存方法について、ファイル名には何が表示されているのか、サーバー内で検索は可能なのか、注文書など他のデータの保存方法を含め気になる点と言えます。

また、商品受注においては商品の入出庫状況はどのように管理されているのかといった点があります。売上請求においては、請求書は商品発送時の送り状を基に作成しているのかそれとも売上先からの受領書を基に作成しているのか、また、売上代金回収においては営業課が総務経理課に現金を手渡す際には入金伝票のような伝票類は一緒に渡さないのかといった点があります。そして会計事務所が売上などを会計データに入力した後に甲社に還元される資料には何があるのかといった点もあります。このような疑問点をステップ⑨の図解に追加すると次のステップ⑩のようになります。

ステップ⑩

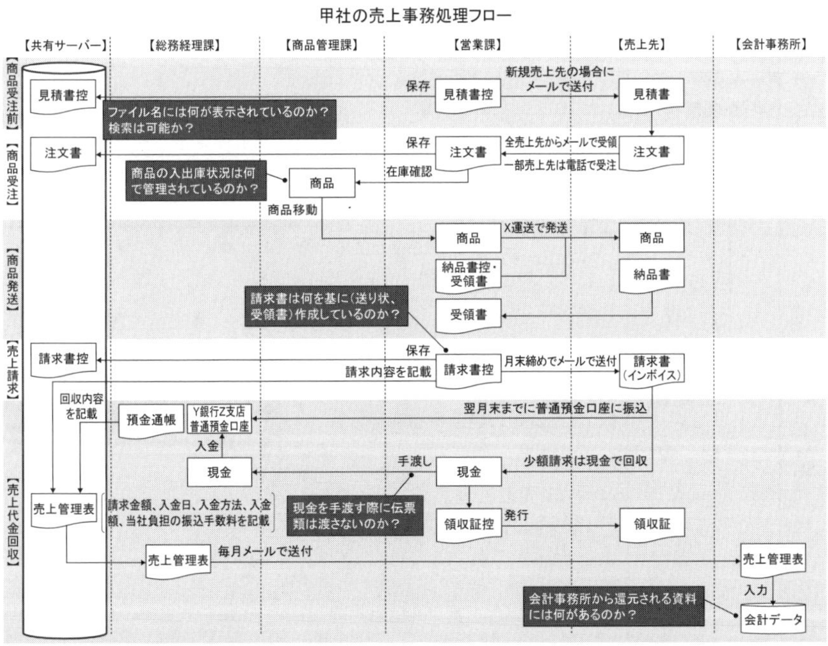

※拡大版は214～215ページに掲載

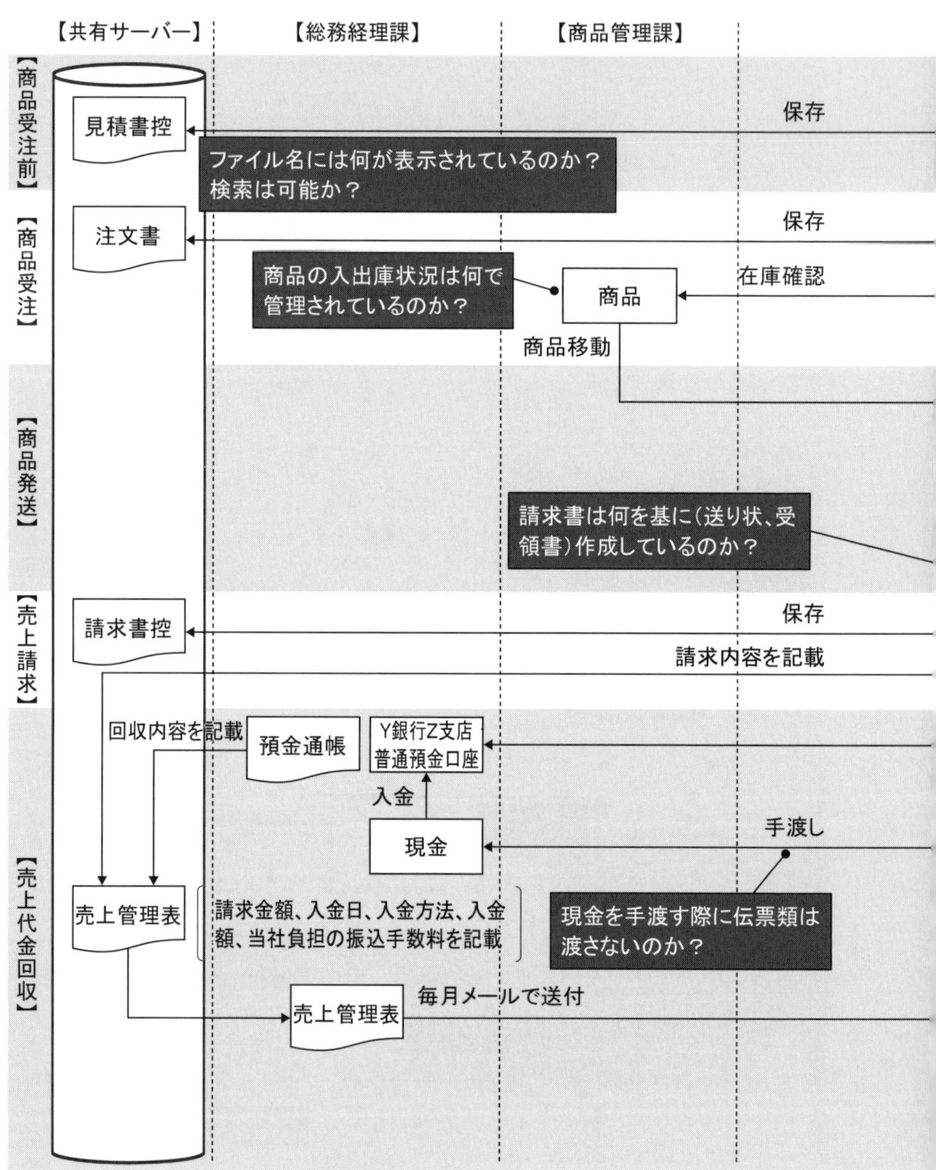

（注）総務経理課社員サキさんの説明を基に作成

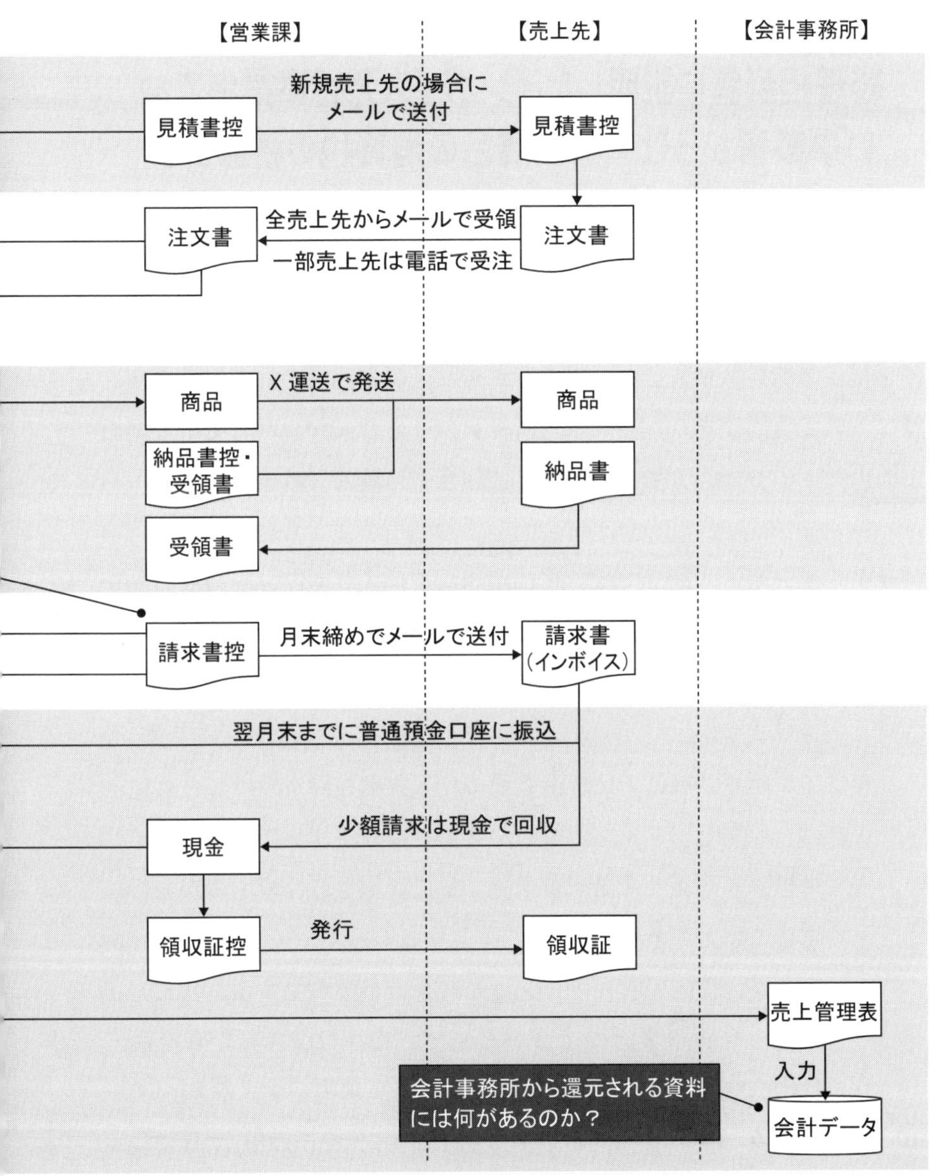
【営業課】
【売上先】
【会計事務所】
新規売上先の場合に
メールで送付
見積書控
見積書控
全売上先からメールで受領
注文書
注文書
一部売上先は電話で受注
X 運送で発送
商品
商品
納品書控・
受領書
納品書
受領書
月末締めでメールで送付
請求書控
請求書
（インボイス）
翌月末までに普通預金口座に振込
少額請求は現金で回収
現金
発行
領収証控
領収証
売上管理表
入力
会計事務所から還元される資料
には何があるのか？
会計データ

実践演習 5

経理担当者に説明したインボイス発行事業者でない事業者から仕入れた場合の消費税の税額計算

使用する図解	フローチャート

実践演習５の題材は、顧問先甲社の総務経理課社員のサキさんから、インボイス発行事業者でない事業者から仕入れた場合の消費税の税額計算について質問があり、会計事務所社員のリサさんが説明している場面です。ヒト、モノ、カネなどの流れに注意して読んでみましょう。

サキ：インボイス制度では、当社が商品を仕入れる際、その取引先がインボイスの発行事業者の場合と発行事業者でない場合では、消費税の納税額が変わると聞きました。具体的に教えて頂けますか。

リサ：インボイス制度では、消費税の仕入税額控除を受けるためには、原則としてインボイスが必要となります。このインボイスは、インボイス発行事業者として登録された事業者が発行することができます。

例えば、仕入先Ａ社はインボイス発行事業者ですが、仕入先Ｂ社は発行事業者ではないとして、当社は、Ａ社から商品代金4,000円、消費税400円で仕入れて請求書を受け取り4,400円の支払をしました。Ｂ社からは商品代金5,000円、消費税500円で仕入れて請求書を受け取り5,500円の支払をしたとします。そして、仕入れた商品は売上先C社に商品代金20,000円、消費税2,000円で販売して請求書を渡し、22,000円が入金されたとします。

いわゆる簡易課税を適用せずに、原則的な方法で計算するとした場合で考えてみます。

インボイス制度導入前の請求書等保存方式であれば、仕入先に関係なく、売上に係る消費税から仕入れに係る消費税を控除して納税額を計算します。

先ほどの例だと2,000円から400円と500円を控除して1,100円と計算されますので、納税額は1,100円となります。

サキ：これは受け取った消費税から支払った消費税を引くということで、1,100円になるのですよね。

リサ：これがインボイス制度ではどうなるかというと、A社はインボイス発行事業者ですので、A社から受け取った請求書はTで始まる13桁の番号が表示されたインボイスになりますので、これに記載された消費税400円は控除することができます。しかし、仕入先B社はインボイス発行事業者ではありませんので、B社から受け取った請求書には番号の表示がなくインボイスではありません。これに記載された500円は消費税に相当するものであり、控除することができないことになります。そうすると、納税額は2,000円から400円のみを控除して1,600円と計算されますので、納税額は1,600円となります。インボイス制度導入前と比べて、納税額が500円増えることになります。

サキ：インボイス発行事業者でない事業者に支払った消費税に相当

するものは、控除できないということですね。そうすると、インボイス発行事業者でない仕入先と取引する場合には、仕入税額控除ができない分だけ当社が持ち出しになるということですか。

リサ：結果的にそうなりますが、そのような事態に対処するために、経過的な軽減措置が設けられています。インボイス制度導入後一定の期間は、インボイス発行事業者でない取引先からの仕入れであっても、消費税に相当する額の一定割合を仕入税額とみなして控除することができます。

具体的には、インボイス制度導入後、令和５年10月１日から令和８年９月30日までの３年間はインボイスでない請求書に記載された消費税相当額の80％を、更に令和８年10月１日から令和11年９月30日までの３年間はインボイスでない請求書に記載された消費税相当額の50％を仕入税額とみなすこととされています。

サキ：先ほどご説明して頂いた例で考えるとどのようになりますか。

リサ：軽減措置を適用した場合には、インボイス制度導入後最初の３年間は、Ｂ社の消費税相当額の80％として400円が控除できますので、2,000円から400円と500円の80％として400円を控除して1,200円と計算されますので、納税額は1,200円となります。

その後の３年間は、2,000円から400円と500円の50％として250円を控除して1,350円と計算されますので、納税額は1,350円となります。

これらの経過措置が終わり、令和11年10月１日以降は本来の計算となりますので、2,000円から400円のみを控除して1,600円と計算されますので、納税額は1,600円となります。

解説

1　図解のテーマ

この事例では、説明したインボイス発行事業者でない事業者から仕入れた場合の消費税の税額計算について、ヒト、モノ、カネなどの流れを図解します。

2　図解の種類

この事例は、ヒト、モノ、カネなどの流れを図解することになりますので、フローチャートが適当ではないかと考えられます。

3　キーワードを拾い出す

キーワードを拾い出しやすくするために、会話をブロックごとに分けた上で、それぞれのブロックにどのようなキーワードがあるのか見ていきます。

サキ：インボイス制度では、当社が商品を仕入れる際、その取引先がインボイスの発行事業者の場合と発行事業者でない場合では、消費税の納税額が変わると聞きました。具体的に教えて頂けますか。

リⒶ インボイス制度では、消費税の仕入税額控除を受けるためには、原則としてインボイスが必要となります。このインボイスは、インボイス発行事業者として登録された事業者が発行することができます。

例えば、仕入先Ａ社はインボイス発行事業者ですが、仕入先Ｂ社は発行事業者ではないとして、当社は、Ａ社から商品代金4,000円、消費税400円で仕入れて請求書を受け取り4,400円の支払をしました。Ｂ社からは商品代金5,000円、消費税500円で仕入れて請求書を受け取り5,500円の支払をしたとします。そして、仕入れた商品は売上先Ｃ社に商品代金20,000円、消費税2,000円で販売して請求書を渡し、22,000円が入金されたとします。

Ⓑ いわゆる簡易課税を適用せずに、原則的な方法で計算するとした場合で考えてみます。

インボイス制度導入前の請求書等保存方式であれば、仕入先に関係なく、売上に係る消費税から仕入れに係る消費税を控除して納税額を計算します。

先ほどの例だと2,000円から400円と500円を控除して1,100円と計算されますので、納税額は1,100円となります。

サキ：これは受け取った消費税から支払った消費税を引くということで、1,100円になるのですよね。

リサ：Ⓒ これがインボイス制度ではどうなるかというと、Ａ社はインボイス発行事業者ですので、Ａ社から受け取った請求書はＴで始まる13桁の番号が表示されたインボイスになりますので、これに記載された消費税400円は控除することができます。しかし、仕入先Ｂ社はインボイス発行事業者ではありませんので、B社から受け取った請求書には番号の表示がなくインボイスではありません。これに記載された500円は消費税に相当するものであり、控除することができないことになります。そうすると、納税額は2,000円から400円のみを控除して1,600円と計算されますので、納税額は1,600円となります。インボイス制度導入前と比べて、納税額が500円増えることになります。

サキ：インボイス発行事業者でない事業者に支払った消費税に相当するものは、控除できないということですね。そうすると、インボイス発行事業者でない仕入先と取引する場合には、仕入税額控除ができない分だけ当社が持ち出しになるということですか。

リサ：Ⓓ 結果的にそうなりますが、そのような事態に対処するために経過的な軽減措置が設けられています。インボイス制度導入後一定の期間は、インボイス発行事業者でない取引先からの仕入れであっても、消費税に相当する額の一定割合を仕入税額とみなして控除することができます。

具体的には、インボイス制度導入後、令和５年10月１日から令和８年９月30日までの３年間はインボイスでない請求書に記載された消費税相当額の80％を、更に令和８年10月１日から令和11年９月30日までの３年間はインボイスでない請求書に記載された消費税相当額の50％を仕入税額とみなすこととされています。

サキ：先ほどご説明して頂いた例で考えるとどのようになりますか。

リサ：軽減措置を適用した場合には、インボイス制度導入後最初の３年間は、Ｂ社の消費税相当額の80％として400円が控除できますので、2,000円から400円と500円の80％として400円を控除して1,200円と計算されますので、納税額は1,200円となります。
Ⓔ
その後の３年間は、2,000円から400円と500円の50％として250円を控除して1,350円と計算されますので、納税額は1,350円となります。
これらの経過措置が終わり、令和11年10月１日以降は本来の計算となりますので、2,000円から400円のみを控除して1,600円と計算されますので、納税額は1,600円となります。

まず、Ａブロックからは、説例の前提として、「仕入先Ａ社」は「インボイス発行事業者」ですが、「仕入先Ｂ社」は「インボイス発行事業者ではない」ことが分かります。そして、「当社」は「Ａ社」から「4,400円」で「商品」を「仕入」れて代金を「支払」い、「Ｂ社」からは「5,500円」で「商品」を「仕入」れて代金を「支払」っていることが分かります。仕入れた「商品」は「売上先Ｃ社」に「22,000円」で「販売」し、代金の「入金」があることが分かります。仕入先からはそれぞれ「請求書」を受け取っていることも分かります。なお、売上先には請求書を渡していますが、ここでは省略します。

次に、Ｂブロックからは、消費税の納税額の計算に当たっては、簡易課税ではなく「原則的方法」で計算するとした場合に、「インボイス制度導入前」であれば、売上に係る消費税「2,000円」から仕入に係る消費税「400円と500円の合計900円を控除」した「1,100円が納税額」

になることが分かります。

Ｃブロックからは、「インボイス制度導入後」について、「仕入先Ａ社」はインボイス発行事業者ですので、Ａ社の「請求書」は「インボイス」として、これに記載された「消費税400円は控除」することができますが、「仕入先Ｂ社」はインボイス発行事業者ではありませんので、Ｂ社の「請求書」は「インボイスではない」ことから、これに記載された500円は消費税に相当するものとされ、当社の消費税額の計算においてはこの「消費税相当額は控除できない」ことになります。このため、納税額は売上に係る消費税「2,000円」からＡ社の仕入に係る消費税「400円のみを控除」した「1,600円が納税額」となり、導入前に比べ納税額が500円増えることが分かります。

Ｄブロックからは、当社のようにインボイス発行事業者でない事業者と取引することによって税負担が増えることへの軽減措置の内容が分かります。インボイス制度導入後、「令和５年10月１日から令和８年９月30日まで」の３年間は「インボイスではない請求書の消費税相当額の80％」を、更に「令和８年10月１日から令和11年９月30日まで」の３年間は「インボイスではない請求書の消費税相当額の50％」を仕入税額とみなして「控除」できることが分かります。

Ｅブロックからは、軽減措置を適用した場合、「令和５年10月１日から令和８年９月30日まで」は消費税相当額の80％として400円が控除できることから、売上に係る消費税「2,000円」から仕入に係る消費税「400円と400円の合計800円を控除」した「1,200円が納税額」となり、更に「令和８年10月１日から令和11年９月30日まで」は消費税相当額の50％として250円が控除できることから、売上に係る消費税「2,000円」から仕入に係る消費税「400円と250円の合計650円を控除」した

「1,350 円が納税額」となることが分かります。そして、軽減措置終了後の「令和 11 年 10 月 1 日以降」は本来の計算によって、売上に係る消費税「2,000 円」からＡ社の仕入に係る消費税「400 円のみを控除」した「1,600 円が納税額」となることが分かります。

4 キーワードの分類

事実関係からブロックごとに拾い出したキーワードを、図解整理シートに当てはめてみると次のように整理することができます。なお、会話で明らかになっていない情報はブランクとしています。

一連番号	ブロック	トキ	ヒト		モノ	カネ	結果	書類	データ
		（いつ）	（誰が）	（誰の・から・に）	（何を）	（いくらで）	（どうした）		
1	A		仕入先A社				インボイス発行事業者		
2	A		仕入先B社				インボイス発行事業者ではない		
3	A		当社	仕入先A社	商品	4,400円（商品代金4,000円、消費税400円）	仕入、支払	請求書	
4	A		当社	仕入先B社	商品	5,500円（商品代金5,000円、消費税500円）	仕入、支払	請求書	
5	A		当社	売上先C社	商品	22,000円（商品代金20,000円、消費税2,000円）	販売、入金		
6	B	インボイス制度導入前				原則的方法で消費税納税額は2,000円−（400円＋500円）＝1,100円			
7	C	インボイス制度導入後	仕入先A社			消費税400円を控除		請求書（インボイス）	
8	C	インボイス制度導入後	仕入先B社			消費税相当額は控除できない		請求書（インボイスではない）	
9	C	インボイス制度導入後				消費税納税額は2,000円－400円＝1,600円			
10	D	令和5年10月1日から令和8年9月30日まで				インボイスではない請求書の消費税相当額の80%を控除			
11	D	令和8年10月1日から令和11年9月30日まで				インボイスではない請求書の消費税相当額の50%を控除			
12	E	令和5年10月1日から令和8年9月30日まで				消費税納税額は2,000円−（400円＋400円）＝1,200円			
13	E	令和8年10月1日から令和11年9月30日まで				消費税納税額は2,000円−（400円＋250円）＝1,350円			
14	E	令和11年10月1日以降				消費税納税額は2,000円－400円＝1,600円			

5　キーワードの関連付け

ヒトについては、図解整理シートを見ると当社、仕入先A社、仕入先B社、売上先C社が登場します。このような情報を基に左から右に展開するレイアウトにするとした場合には、当社が中心的なヒトになりますのでこれをセンターに配置します。そして、仕入先であるA社とB社を当社の左側に配置し、売上先であるＣ社は当社の右側に配置します。複数のアイコンを表示することになる場合には、中心的なヒトのアイコンを網掛けで囲むなどして目立たせます。この事例の場合当社が中心になりますので当社を網掛けで囲みます。このようにして配置すると次のステップ①の図解が一例として考えられます。

ステップ①

この事例では、インボイス制度導入前と導入後で消費税の計算方法が変わりますので、上記ステップ①の図解を基本の形として、最初にインボイス制度導入前の計算方法を図解し、その後にインボイス制度導入後の計算方法を図解します。

（1）インボイス制度導入前

まず、インボイス制度導入前の状況については、３番から５番を見ると、Ａ社、Ｂ社、Ｃ社との取引内容が分かります。モノと書類の流れは仕入先Ａ社とＢ社から当社に向かう矢印、そして当社から売上先Ｃ社に向かう矢印でつなぎます。カネの流れはそれぞれモノの流れとは逆向きの矢印となります。

これを上記ステップ①の図解に追加すると次のステップ②のようになります。

ステップ②

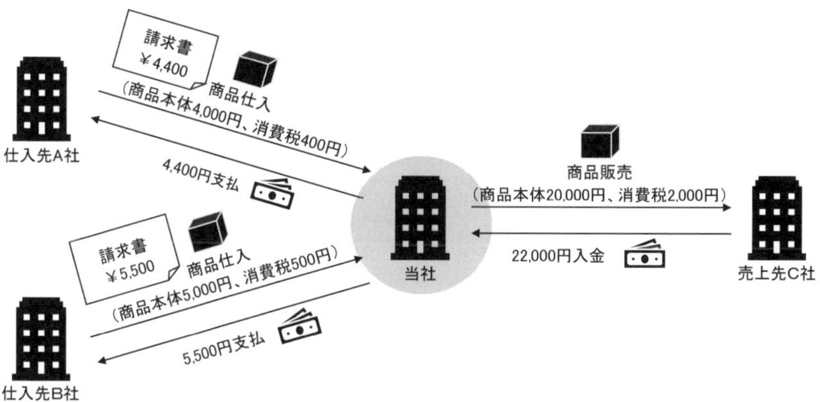

次に、６番を見ると、インボイス制度導入前における原則的な方法による消費税納税額が分かります。納税額の計算方法は、当社のアイコンの下に吹き出しの形で上記ステップ②の図解に追加すると次のステップ③のようになります。

ステップ③

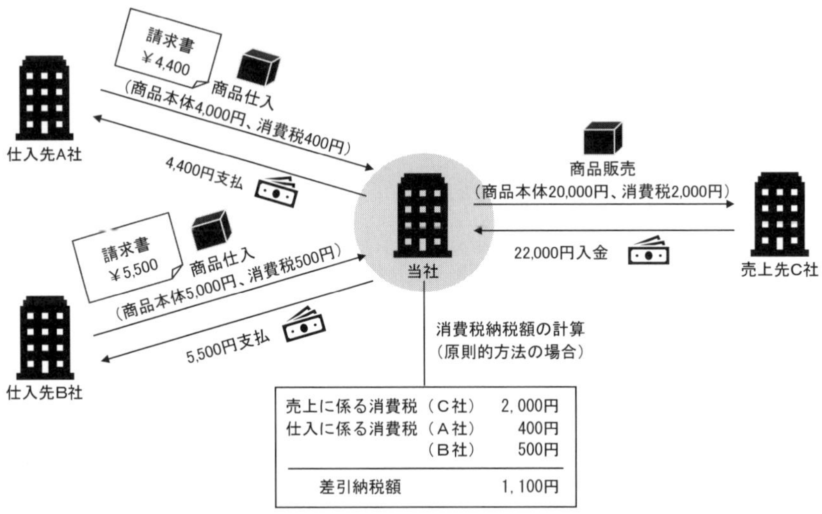

（2）インボイス制度導入後

次に、インボイス制度導入後の状況については、1番と2番を見ると、仕入先A社はインボイス発行事業者ですが、仕入先B社はインボイス発行事業者でないことが分かります。

そして、7番から9番を見ると、インボイス制度導入後に仕入先から受け取る請求書については、仕入先A社の請求書はTで始まる13桁の番号が表示されたインボイスですが、仕入先B社の請求書はインボイスではないことから、仕入先B社の請求書に記載された500円は消費税に相当するものとして扱われることが分かります。

また、これに伴い原則的な方法による消費税納税額が変わることが分かります。これを上記ステップ③のインボイス制度導入前の図解と入れ替えると次のステップ④のようになります。なお、入れ替えた箇所は点線で囲みました。

ステップ④

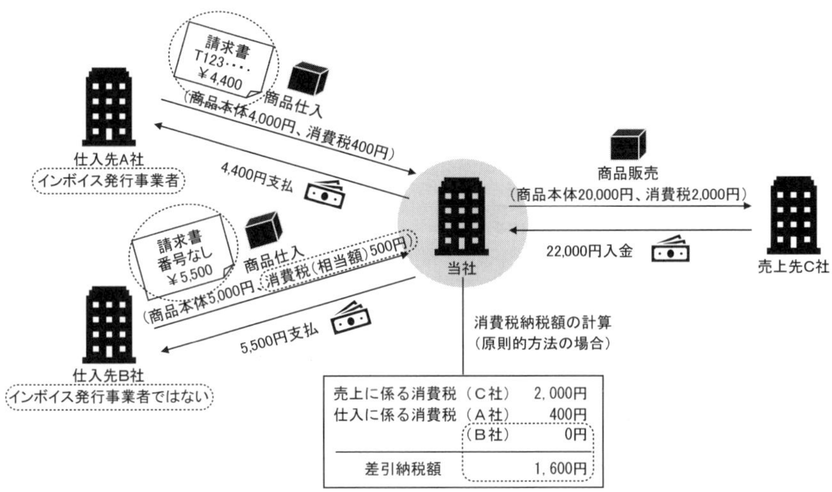

次に、10番以降を見ると、インボイス発行事業者でない事業者と取引をする場合に、消費税納税額の経過的な軽減措置があることが分かります。これはインボイス制度導入後最初の３年間の令和５年10月１日から令和８年９月30日までと、その後の３年間の令和８年10月１日から令和11年９月30日まででは軽減措置の内容が変わります。ただし、これらの軽減措置が終わる令和11年10月１日以降は本来の計算となります。このような軽減措置を上記ステップ④の図解の下部に左から順に時系列で追加すると次のステップ⑤のようになります。

なお、左端には軽減措置がない場合の本来の納税額を表示して対比しやすくしています。

ステップ⑤

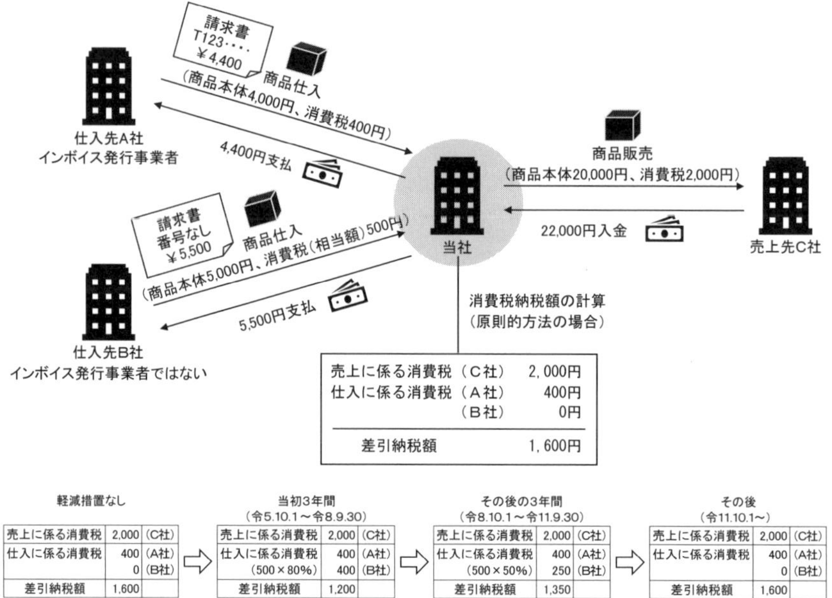

軽減措置なし

売上に係る消費税	2,000	(C社)
仕入に係る消費税	400 0	(A社) (B社)
差引納税額	1,600	

当初3年間
(令5.10.1～令8.9.30)

売上に係る消費税	2,000	(C社)
仕入に係る消費税 (500×80%)	400 400	(A社) (B社)
差引納税額	1,200	

その後の3年間
(令8.10.1～令11.9.30)

売上に係る消費税	2,000	(C社)
仕入に係る消費税 (500×50%)	400 250	(A社) (B社)
差引納税額	1,350	

その後
(令11.10.1～)

売上に係る消費税	2,000	(C社)
仕入に係る消費税	400 0	(A社) (B社)
差引納税額	1,600	

6 タイトルと情報源の表示

(1) インボイス制度導入前

上記ステップ③の図解は、消費税納税額の計算についてインボイス制度導入前の状況を表したものですので、タイトルは「インボイス制度導入前における消費税納税額の計算イメージ」とし、左下の余白に情報源として「総務経理課社員サキさんへの説明を基に作成」とします。これらをステップ③の図解に表示することで完成した図解は次のステップ⑥のとおりです。

ステップ⑥

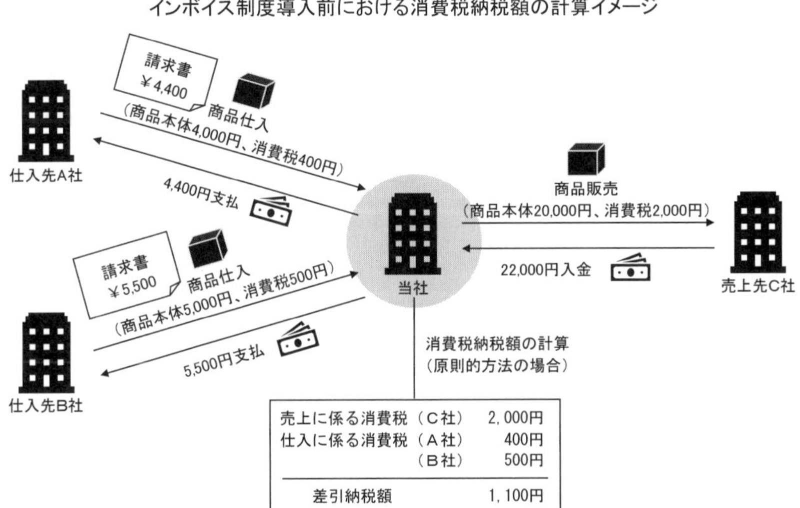

（注）総務経理課社員サキさんへの説明を基に作成

（2）インボイス制度導入後

次に、上記ステップ⑤の図解は、インボイス制度導入後においてインボイス発行事業者でない事業者と取引した場合における消費税納税額の計算を表したものですので、タイトルは「インボイス制度導入後における消費税納税額の計算イメージ（インボイス発行事業者でない事業者との取引）」とし、左下の余白にはインボイス制度導入前と同様に情報源として「総務経理課社員サキさんへの説明を基に作成」とします。これらをステップ⑤の図解に表示することで完成した図解は次のステップ⑦のとおりです。

ステップ⑦

インボイス制度導入後における消費税納税額の計算イメージ（インボイス発行事業者でない事業者との取引）

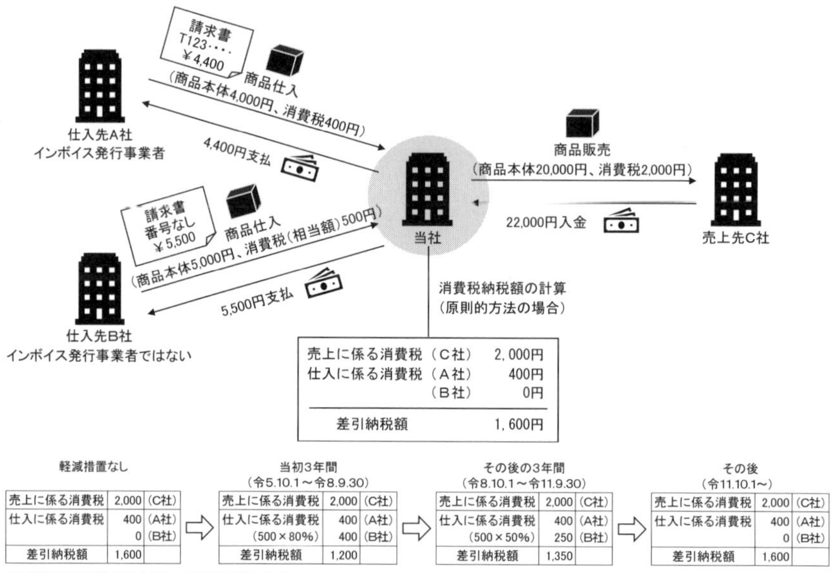

軽減措置なし

売上に係る消費税	2,000	(C社)
仕入に係る消費税	400	(A社)
	0	(B社)
差引納税額	1,600	

当初3年間（令5.10.1～令8.9.30）

売上に係る消費税	2,000	(C社)
仕入に係る消費税	400	(A社)
(500×80%)	400	(B社)
差引納税額	1,200	

その後の3年間（令8.10.1～令11.9.30）

売上に係る消費税	2,000	(C社)
仕入に係る消費税	400	(A社)
(500×50%)	250	(B社)
差引納税額	1,350	

その後（令11.10.1～）

売上に係る消費税	2,000	(C社)
仕入に係る消費税	400	(A社)
	0	(B社)
差引納税額	1,600	

（注）総務経理課社員サキさんへの説明を基に作成

7　図解からの気付き

上記ステップ⑦の図解のようにフローチャートにしてみると、インボイス制度導入後において、インボイス発行事業者でない事業者と取引した場合に消費税納税額がどのように変わるのかが分かりやすくなりました。

では、この図解からはどのような点が気になるのか見てみると、例えば、仕入先Ｂ社が本来は免税事業者であるもののインボイス発行事業者になることを選択した場合に、このＢ社には何らかの措置があるのかは、Ｂ社の取引先である甲社としても気になる点と言えます。

また、法人税の所得金額の計算において「税抜経理方式」を採用している場合に、仕入税額として控除できない部分の金額はどのように処理するのか、更に当社は原則的な方法によって消費税納税額を計算していますが、これが簡易課税を選択している場合には影響があるのかも気になる点です。このような疑問点をステップ⑦の図解に追加すると次のステップ⑧のようになります。

ステップ⑧

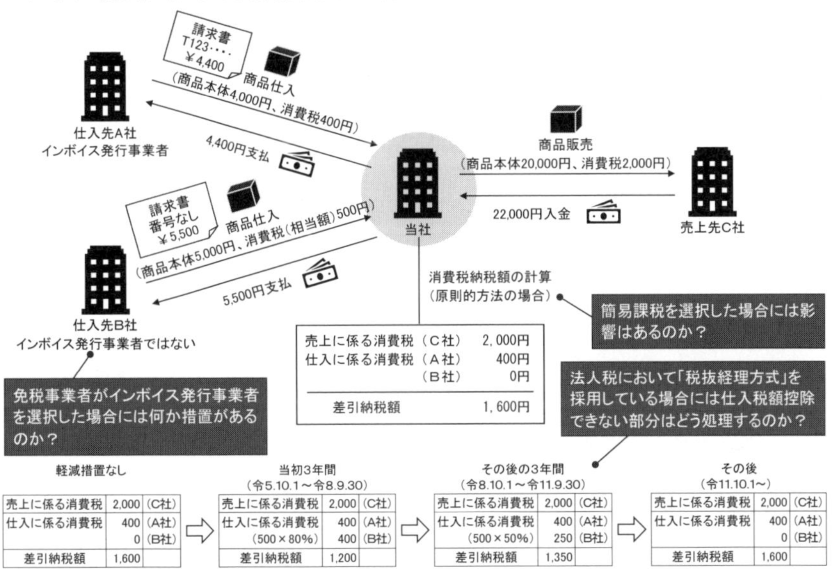

軽減措置なし

売上に係る消費税	2,000	(C社)
仕入に係る消費税	400 0	(A社) (B社)
差引納税額	1,600	

当初3年間（令5.10.1～令8.9.30）

売上に係る消費税	2,000	(C社)
仕入に係る消費税 (500×80%)	400 400	(A社) (B社)
差引納税額	1,200	

その後の3年間（令8.10.1～令11.9.30）

売上に係る消費税	2,000	(C社)
仕入に係る消費税 (500×50%)	400 250	(A社) (B社)
差引納税額	1,350	

その後（令11.10.1～）

売上に係る消費税	2,000	(C社)
仕入に係る消費税	400 0	(A社) (B社)
差引納税額	1,600	

（注）総務経理課社員サキさんへの説明を基に作成

※拡大版は234～235ページに掲載

インボイス制度導入後における消費税納税額の計算イメージ

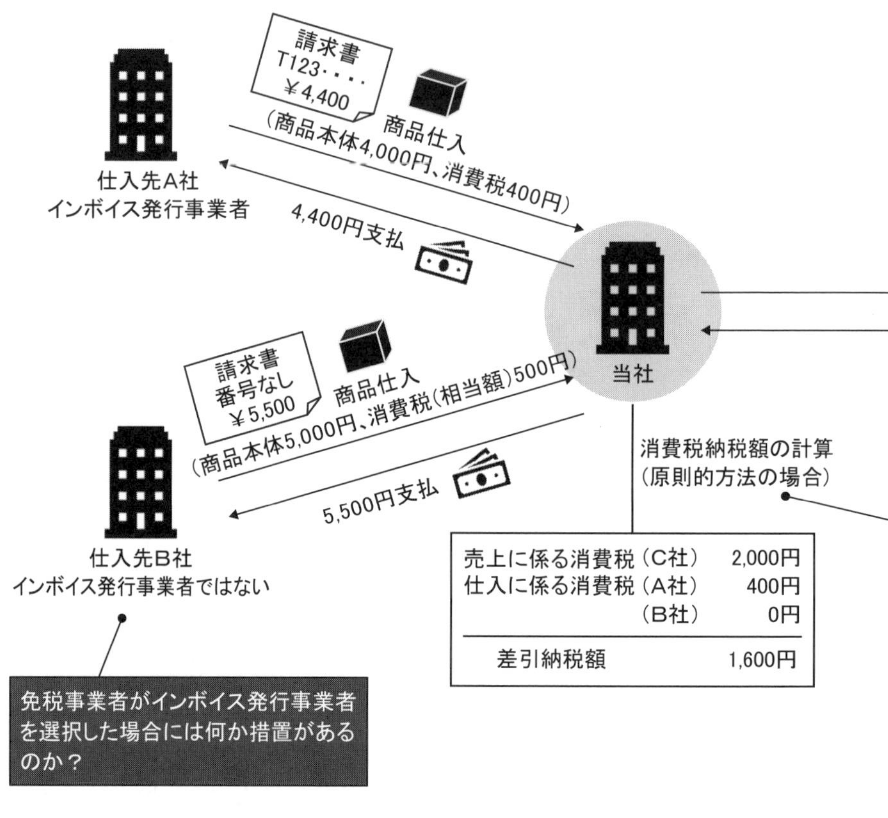

軽減措置なし

売上に係る消費税	2,000	(C社)
仕入に係る消費税	400 0	(A社) (B社)
差引納税額	1,600	

⇨

当初3年間
(令5. 10. 1～令8. 9. 30)

売上に係る消費税	2,000	(C社)
仕入に係る消費税 (500×80%)	400 400	(A社) (B社)
差引納税額	1,200	

⇨

(注)総務経理課社員サキさんへの説明を基に作成

（インボイス発行事業者でない事業者との取引）

商品販売
（商品本体20,000円、消費税2,000円）

22,000円入金

売上先C社

簡易課税を選択した場合には影響はあるのか？

法人税において「税抜経理方式」を採用している場合には仕入税額控除できない部分はどう処理するのか？

その後の3年間
（令8. 10. 1～令11. 9. 30）

売上に係る消費税	2,000	（C社）
仕入に係る消費税 （500×50%）	400 250	（A社） （B社）
差引納税額	1,350	

⇨

その後
（令11. 10. 1～）

売上に係る消費税	2,000	（C社）
仕入に係る消費税	400 0	（A社） （B社）
差引納税額	1,600	

おわりに

最後まで本書をお読みいただきましてありがとうございました。

ここまで演習を通じて図解の手順などを紹介してきましたが、本書が今後図解する際の参考になれば大変嬉しく思います。

ところで、実際に描けるだろうか、と不安に思う読者の方もいらっしゃるかもしれませんが心配はいりません。図解に特別な技術や絵心は必要なく、ちょっとしたコツをつかむだけです。コツは練習すれば習得できるものだと思います。ありきたりですが早道は数をこなすこと、図解に慣れることです。数をこなせば文章を見たり会話を聴いたりしただけで、適当な図解のパターンが頭に浮かぶようになります。

数をこなすのに身近な題材としては新聞記事があります。新聞の社会面に掲載される経済事件などは好材料です。新聞記事を基に、まず自分で図解してみて、新聞に掲載された図解と比較してみると良いでしょう。私自身、紙の新聞を購読していますが、新聞に掲載されている図解をスクラップして、図解の「引き出し」を増やすように心掛けています。スクラップブックを見返すと、示唆を受ける図解もあれば、逆に分かりにくいと思うものもありますのでとても参考になります。

そして、長文で難易度は高いですが、裁決例や裁判例の事実関係を読んで図解してみるのも練習になります。ぜひ、やってみてください。

最後に一般財団法人大蔵財務協会の出版編集部の皆様には細部に至るまで校正作業に携わっていただきました。また、細かく複雑な図表が多い中で印刷や表紙デザインのご担当の皆様にも多大なご協力をいただきました。関係する皆様のお力添えがあって本書が出版できたことに改めて感謝申し上げます。

野川　悟志

参考文献（著者五十音順）

・板橋悟「『記事トレ！』日経新聞で鍛えるビジュアル思考力」2009年、日本経済新聞出版社
・加島一男「□○△で描いて、その場でわかるシンプル図解」2021年、翔泳社
・新村出「広辞苑　第７版」2018年、岩波書店
・永田豊志「カラー改訂版　頭がよくなる『図解思考』の技術」2014年、KADOKAWA
・永山嘉昭＝山﨑紅「説得できる図解表現200の鉄則　第２版」2010年、日経BP社
・日高由美子「なんでも図解-絵心ゼロでもできる！爆速アウトプット術-」2020年、ダイヤモンド社
・平井孝志「武器としての図で考える習慣『抽象化思考』のレッスン」2020年、東洋経済新報社
・山田雅夫「図解力の基本」2010年、日本実業出版社
・吉澤準特「外資系コンサルが実践する図解作成の基本」2018年、すばる舎
・吉田延史「フローチャートでわかる経理・財務現場の教科書」2022年、中央経済社

【著者紹介】

野川　悟志（のがわ　さとし）

福岡県出身。
国税庁　課税総括課、法人課税課
東京国税局　法人課税課、資料調査課などを経て東京都品川区で税理士登録。筑波大学大学院博士前期課程修了（法学）。
著書に「令和５年版税制改正経過一覧ハンドブック」、「経営に活かす税務の数的基準」（いずれも大蔵財務協会、共著）などがある。
2013年より法人会会報誌に「経理課社員リサと顧問税理士サキ先生の税務問答」の記事を連載中。

複雑な税務を図解でひも解く!!
税務図解の技法

令和５年11月10日　初版印刷
令和５年11月28日　初版発行

不許複製

著者　野川悟志

（一財）大蔵財務協会　理事長
発行者　木村幸俊

発行所　一般財団法人　大蔵財務協会
〔郵便番号　130-8585〕
東京都墨田区東駒形1丁目14番1号
（販売部）TEL03(3829)4141・FAX03(3829)4001
（出版編集部）TEL03(3829)4142・FAX03(3829)4005
http://www.zaikyo.or.jp

印刷　星野精版印刷

ISBN978-4-7547-3177-9